चाणक्यमेंट

चाणक्यमेंट

आचार्य चाणक्य से सीखें मैनेजमेंट के गुण

प्रस्तुतीकरण

चंद्रेश मकवाणा

प्रकाशक
प्रभात प्रकाशन प्रा. लि.
4/19 आसफ अली रोड, नई दिल्ली–110002
फोन : 23289777 • हेल्पलाइन नं. : 7827007777
इ–मेल : prabhatbooks@gmail.com ❖ वेब ठिकाना : www.prabhatbooks.com

संस्करण
2025

अनुवाद
जतिन मजीठिया

पेपरबैक मूल्य
तीन सौ रुपए

मुद्रक
आर–टेक ऑफसेट प्रिंटर्स, दिल्ली

———————— ★ ————————

CHANAKYAMENT
by Shri Chandresh Makwana

Published by **PRABHAT PRAKASHAN PVT. LTD.**
4/19 Asaf Ali Road, New Delhi-110002
by arrangement with R.R. Seth & Co. Pvt. Ltd., Ahmedabad

ISBN 978-93-5521-066-1

₹ 300.00 (PB)

पुस्तक परिचय

अपने हाथ में एक भी हथियार उठाए बिना एक साधारण शिक्षक ने एक पूरे साम्राज्य को उखाड़ फेंका, नंदवंश को नष्ट कर दिया और मौर्यवंश की स्थापना की। ऐसा क्या था उस शिक्षक के पास? सूक्ष्म संचालन शक्ति! कौन था वह शिक्षक? कौटिल्य...और कौटिल्य का अर्थ है—चाणक्य। मूल नाम आचार्य विष्णुगुप्त, जिन्हें अपने पिता के नाम 'चाणक' से 'चाणक्य' नाम की उपाधि मिली थी।

दुनिया के महान् राजनीतिज्ञों ने जिस पुस्तक को पढ़ते ही उसमें बताई गई बातों को मान्यता दे दी, वह पुस्तक है—'कौटिल्य का अर्थशास्त्र'। आचार्य चाणक्य ने उस शास्त्र में राज्य-व्यवस्था के संचालन के विषय में जो ज्ञान दिखाया है, वह 'न भूतो, न भविष्यति' जैसा है। चाणक्य का वह ज्ञान अद्वितीय व शाश्वत है।

अपनी पुस्तक 'अर्थशास्त्र' में 'अर्थ एवं प्रधान इति कौटिल्य', यानी कह सकते हैं कि धर्म, अर्थ, काम, मोक्ष—इन चार पुरुषार्थों में अर्थ की प्रधानता पर जोर दिया गया है। अर्थ का मतलब है धन, जो मानव जीवन का मुख्य आधार है। दुनिया में किसी भी प्रणाली की नींव इसी अर्थ के आधार पर टिकी हुई होती है। दुनिया की कोई भी प्रणाली, चाहे वह सामाजिक व्यवस्था हो, राज्य-व्यवस्था हो, राष्ट्र-व्यवस्था हो या कोई अन्य व्यवस्था हो—सबको इस बात को स्वीकार करना ही होता है। आचार्य चाणक्य ने इस विचार को सही ढंग से समझा, उस अर्थ में आचार्य चाणक्य एक प्रखर अर्थशास्त्री थे, वे एक महान् संचालक थे

और इसलिए आज भी यदि कोई व्यक्ति सर्वश्रेष्ठ मैनेजमेंट का उदाहरण देता है तो उसे 'चाणक्य' की उपाधि मिलती है।

अब बात करते हैं मैनेजमेंट की। मैनेजमेंट के मामले में चाणक्य एक माइलस्टोन हैं, जिसे जो कोई भी पढ़ता है, उसे वह स्वीकार ही करना पड़ता है। मैनेजमेंट मानव जीवन का सबसे अनिवार्य हिस्सा है। जितने पहलू मानव जीवन के, उतने ही पहलू मैनेजमेंट के भी हैं। जब हम 'मैनेजमेंट' शब्द को केवल व्यापार के संदर्भ में देखते हैं, तब वह बहुत संकुचित अर्थ दरशाता है। वास्तव में, मैनेजमेंट एक बहुत बड़ी चीज है, जो जीवन के हर पहलू को कवर करती है। हम देखते हैं कि मनुष्य भौतिक, मानसिक, आर्थिक, धार्मिक, आध्यात्मिक, नैतिक, कूटनीतिक, वैचारिक, पारिवारिक, सामाजिक—हर चीज में लाभ कमाना चाहता है। वह हर क्षेत्र में सफलता के शिखर पर पहुँचना चाहता है...वह हर चरण में कुछ नया करना चाहता है, यही शाश्वत सत्य है और इसलिए जीवन के प्रत्येक चरण में मैनेजमेंट न केवल आवश्यक है, बल्कि अनिवार्य भी है।

यदि आप किसी भी युग या क्षेत्र के किसी भी सफल व्यक्ति का अध्ययन करते हैं तो आपको स्वतः ही यह अहसास हो जाएगा कि उसमें कुछ ऐसा था, जो दूसरों में नहीं था। ऐसा क्या था उनमें, जो दूसरों में नहीं था? इसका उत्तर है—'मैनेजमेंट'। संक्षेप में कहें तो 'मैनेजमेंट' ही सफलता की आधारशिला है। यदि कोई व्यक्ति या शक्ति सफल है तो इसका श्रेय केवल उसकी संचालन शक्ति को जाता है। सृष्टि के निर्माता और निर्वाहक स्वयं ईश्वर ने भी उसी सत्य को अपनाया है। यदि परमेश्वर के पास सही संचालन शक्ति नहीं होती तो पल-पल तबाही होती, महाविनाश होता। जो होना चाहिए, वह नहीं होता और जो नहीं होना चाहिए, वह होता रहता है। यदि प्रकृति एक पल के लिए भी अपने संचालन पर नियंत्रण खो दे, तो यह एक आपदा बन सकती है। पृथ्वी 24 घंटे में 24 हजार बार अपनी धुरी पर घूमने लगे। सूरज उगना बंद कर दे और समुद्र सूख जाए। संक्षेप में कहें, तो बहुत कुछ ऐसा होता, जिसकी आप कल्पना भी नहीं कर सकते; लेकिन ऐसा कुछ भी नहीं होता है। कारण? क्योंकि इस समग्र ब्रह्मांड का छोटे-से-छोटा अणु भी नियमबद्ध है। सृष्टि में होनेवाली हर चीज नियमबद्ध होती है। नियमों के खिलाफ कुछ भी नहीं होता है...यही कारण है

कि सबकुछ आसानी से हो जाता है। जैसा ईश्वर का है, वैसा ही मनुष्य का है। यदि वह अपनी यात्रा सुचारु रूप से चलाना चाहता है तो उसे नियमों का पालन करना ही पड़ता है और नियमबद्धता ही संचालन है। संचालन सिर्फ आज ही की नहीं, बल्कि हर समय की माँग है, अर्थात् संचालन यानी कि मैनेजमेंट के बिना सृष्टि ठीक से चल ही नहीं सकती। यदि हम मानव जीवन के इतिहास को देखें तो हमें पता चलेगा कि आदिम मनुष्य से आधुनिक मनुष्य तक के मानव जीवन की विकास-यात्रा के दौरान, एक और यात्रा निर्बाध रूप से चल रही है, जिसे 'मैनेजमेंट की यात्रा' कहा जाता है। यदि आदिम मनुष्य एक आधुनिक मानव बन सका है तो यह केवल उसी संचालन शक्ति के कारण ही संभव हुआ है।

कौटिल्य का अर्थशास्त्र समग्रलक्षी है। यह मानव जीवन के सभी पहलुओं पर प्रकाश डालता है, क्योंकि मनुष्य जो भी कुछ करता है, वह जीने के लिए करता है। जीना ही मानव जीवन का अंतिम लक्ष्य है, लेकिन सिर्फ जीने के लिए ही जीना भी कोई जीना नहीं है...सिर्फ जीने से कैसे जीना चाहिए, यह जानने और समझने के लिए जो रास्ता है, उसे पार करने के लिए जिस शक्ति की जरूरत है, उसे ही संचालन शक्ति कहते हैं। सभी मानवीय अंतर्क्रियाओं में से जिंदा रहने का खयाल सबसे ऊपर है और जीने के लिए धन चाहिए; दूसरे शब्दों में कहें तो धन आजीविका का मुख्य आधार है और यही कारण है कि आचार्य ने अपने अर्थशास्त्र में अर्थ की प्रबलता पर जोर दिया है। हर कोई इस तथ्य को स्वीकार करेगा कि पैसा कमाना मानव जीवन का सबसे महत्त्वपूर्ण लक्ष्य है।

लेकिन पैसा कमाना इतना आसान थोड़ी है! यदि पैसा आसानी से कमाया जाता, प्राप्त या अर्जित किया जा सकता, तो मैनेजमेंट की कोई आवश्यकता ही नहीं रहती!

आज आधुनिक तकनीक ने दुनिया को एक छोटा-सा गाँव बना दिया है, एक छोर से दूसरे छोर तक पहुँचने में कुछ घंटों से अधिक समय नहीं लगता है। यदि आप आज कोई व्यवसाय शुरू करना चाहते हैं, तो आपको कुछ ही सेकंड में उसके बारे में बहुत सारी जानकारी मिल जाएगी, लेकिन नॉलेज—मैनेजमेंट के युग में, सिर्फ जानकारी पर्याप्त नहीं है। आपको यह भी प्रबंधित करना होगा कि आपके द्वारा प्राप्त की जानेवाली सभी जानकारी में से आपके लिए सबसे

अच्छी और सबसे सुलभ और तेज जानकारी क्या है! इसके बाद ही अन्य प्रबंधन संभव हैं। चाणक्य की मैनेजमेंट से संबंधित अवधारणाएँ यहाँ बहुत उपयोगी हैं। चाणक्य ने भारतीय क्षेत्रवाद और उसके लोगों की मानसिकता को समझा और पचाया, और उन्होंने जो कहा, वह एक सूक्ष्म अध्ययन की परिणति था। आज से 2300 साल पहले उन्होंने मैनेजमेंट के संबंध में जो कुछ कहा था यदि वह आज भी इतना ही उपयोगी या स्वीकार्य नहीं होता, तो कोई इसे क्यों स्वीकार करता? यदि आज हम चाणक्य को किसी कारण से जानते हैं तो वह उनके शक्तिशाली मैनेजमेंट के कारण।

उचित मैनेजमेंट के बिना एक सामान्य ब्राह्मण पूरे साम्राज्य को उखाड़ सकते थे क्या? नहीं''नहीं''नहीं उखाड़ सकते थे। इसका मतलब यह है कि चाणक्य की योजना बनाने की क्षमता जबरदस्त थी, जिसका हमें भी लाभ उठाना चाहिए। एकमात्र प्रश्न यह है कि क्या हमें चाणक्य के सभी विचारों को एक ही रूप में वह जैसे हैं, वैसे ही स्वीकार कर लेने चाहिए?

जवाब है—नहीं।

क्योंकि अतीत से जुड़ी किसी भी चीज को उसी रूप में स्वीकार करने से बड़ी कोई गलती नहीं हो सकती। अतीत की गलतियाँ हमें वर्तमान में टिके रहने और भविष्य में सफल होने का आधार प्रदान करती हैं, इसलिए हम चाणक्य के विचारों को उसी रूप में स्वीकार नहीं करेंगे। हमें बहुत सफल होना है, इसलिए हमें यह पता लगाना होगा कि चाणक्य नीति में ऐसा क्या है, जो हमारे सफल होने के लिए जरूरी है और एक नया मैनेजमेंट बनाने के लिए हमें उन चाणक्य के पुराने सिद्धांतों को आधुनिक रुझानों के साथ मिलाना है। इस डिजिटल युग में केवल यह नया मैनेजमेंट ही हमें टिका पाएगा।

चाणक्य ने जो कहा, वह उनके समय की माँग थी। हमें यह देखना होगा कि हमारे समय की माँगों में चाणक्य हमारी किस तरह से मदद कर सकेंगे।

आज, ऐसे समय में जब पूरी दुनिया पूँजीवादी विचारधारा की ओर झुक रही है, बाजार में लगातार प्रतिस्पर्धा होगी, जिसका अर्थ है कि यह युग तीव्र

प्रतिस्पर्धा का युग होगा। इस समय में हम तभी बचेंगे, जब हम कुछ नया और दूसरों से अलग करेंगे। इसके अलावा, हम जानते ही हैं कि लगातार नवाचार करने की प्रवृत्ति ने ही आदिमानव से हमें आधुनिक मानव बनाया है। जो लोग उद्योग, संस्थान, समाज, राज्य और राष्ट्र इस नई गतिविधि में पिछड़ जाते हैं या धीमे रह जाते हैं, वे फिर 'विकासशील', 'अविकसित', 'विकास की दिशा में अग्रणी' के रूप में जाने जाते हैं। इस समस्या के समाधान के लिए भी चाणक्य का मैनेजमेंट अध्ययन का विषय बन जाता है।

अब हमें यह भी जानना होगा कि मैनेजमेंट के बारे में दुनिया के महानतम संचालन विशेषज्ञों का क्या कहना है। श्री हेल्ली फेलोय, जो कि एक फ्रांसीसी संचालन शास्त्री हैं, जिन्हें आधुनिक संचालन विज्ञान का जनक भी माना जाता है, उनके अनुसार—

(1) "संचालन का अर्थ है—पूर्वानुमान और योजना बनाना, सिस्टम बनाना, आदेश देना, समन्वय और नियंत्रण करना!"

तो महान् संचालन शास्त्री जी.आर. टेरी ने संचालन की कुछ इस तरह की परिभाषा बनाई है—

(2) "संचालन एक विशेष प्रक्रिया है, जिसमें आयोजन, उत्तेजना और नियंत्रण शामिल हैं, जो लक्ष्यों को निर्धारित करने, जनशक्ति और अन्य उपकरणों का उपयोग करके निर्धारित लक्ष्यों को प्राप्त करने के लिए किया जाता है।"

श्री लॉरेंस, एक प्रसिद्ध अमेरिकी संचालन विशेषज्ञ, संचालन की कुछ ऐसी परिभाषा बताते हैं—

(3) "संचालन व्यक्तियों के विकास की प्रक्रिया है, चीजों की व्यवस्था करने की नहीं। संचालन का कार्य मुख्य रूप से योजना और नियंत्रण करना है।"

एक विचार के अनुसार, संचालन अधिकारी को तीन मुख्य कार्य करने होते हैं—

- तय करें कि आप लोगों से क्या करवाना चाहते हैं।
- नियमित अंतराल पर कार्यों की जाँच और मूल्यांकन करते रहना।

- ऐसी रणनीति और तकनीक अपनाना, जिससे लोग उस कार्य को सही तरीके से कर पाएँ।

इन सभी परिभाषाओं को बहुत देर से लिखा गया था। इन सभी विचारों को बहुत देर से प्रस्तुत किया गया था। महान् अर्थशास्त्री चाणक्य ने 2300 साल पहले ही अपने अर्थशास्त्र में इन सभी विचारों को पेश किया था और उन्हें सफलतापूर्वक लागू भी किया था। उनके गहन संचालन कौशल्य से ही चंद्रगुप्त मौर्य चक्रवर्ती राजा बने और वर्षों तक एक विशाल साम्राज्य पर शासन किया। संचालन कौशल्य पर आचार्य की शक्तिशाली विचारधारा को पेश करने के उद्देश्य से ही यह पुस्तक आपके समक्ष प्रस्तुत की जा रही है।

यह पुस्तक चाणक्य के 'अर्थशास्त्र' और 'पूर्ण चाणक्यनीति' पर आधारित है। इसमें से बुद्धिमान् पाठकों को वह दृष्टि मिल जाएगी, जो वे चाहते हैं। शासक को शासन के संबंध में, व्यापारी को व्यवसाय के संबंध में, गृहस्थ को अपने घर के संबंध में और व्यवस्थापक को संचालन के संबंध में कुछ-न-कुछ तो मिल ही जाएगा।

इस पुस्तक में निहित जानकारी स्वयं कौटिल्य के सूत्रों पर आधारित है। हाँ, आज के समय को ध्यान में रखते हुए इसमें विशेष सूचनाएँ जोड़ी गई हैं। यह कार्य अपने आपमें भी चाणक्य से प्राप्त हुई समझशक्ति पर आधारित है। यह पुस्तक आपको एक नई दिशा खोजने में लाभदायी होगी तो हमें भी हमारा उद्देश्य पूरा होने का आनंद प्राप्त होगा।

हम आपकी प्रतिक्रियाओं का स्वागत करते हैं।

—चंद्रेश मकवाणा

आचार्य चाणक्य : परिचय

मगध के राजा धनानंद का दरबार भरा हुआ था। ऋषि चाणक के युवा पुत्र विष्णुगुप्त राजा को राज्य की परिस्थितियों के बारे में अवगत करवा रहे थे।

"महाराज! प्रजा में शासन के प्रति असंतोष की भावना है।" विष्णुगुप्त ने कहा।

"असंतोष? प्रजा में भला असंतोष कैसा?" गौरव में चूर मगधपति धनानंद ने पूछा।

"महाराज! लोगों की कमाई का आधा हिस्सा करों में चला जाता है और बाकी का आधा हिस्सा हमारे अधिकारियों द्वारा न्योछावर के रूप में ले लिया जाता है। एक तरफ प्रजा करों के बोझ से दबी हुई है और दूसरी ओर अधिकारियों की लूट से परेशान है।" विष्णुगुप्त ने राज्य में फैली अराजकता का वर्णन करते हुए कहा।

"अगर प्रजा कर नहीं देगी तो शासन कैसे चलेगा? प्रजा कपटी है, वह अपने राजा को थोड़ा सा धन भी देना पसंद नहीं करती, इसलिए वह हमारे अधिकारियों को बदनाम करती है।" धनानंद ने विष्णुगुप्त के अनुरोध को अस्वीकार कर दिया।

"महाराज! यदि लोगों ने करों का भुगतान नहीं किया होता, तो सरकारी अधिकारी और स्वयं आप इतने भोग-विलास में नहीं जी रहे होते। आपको यह नहीं भूलना चाहिए कि आपकी महिमा और सुविधाएँ लोगों के दिए करों के कारण ही है।" विष्णुगुप्त ने थोड़े ऊँचे स्वर में कहा।

पूरी सभा स्तब्ध रह गई। विष्णुगुप्त ने यह क्या कह दिया? सच्चाई बहुत कड़वी होती है। हर कोई इसे स्वीकार नहीं कर सकता। और यह तो राजा धनानंद है। 'समरथ को नहीं दोष गोसाईं' जैसा न्याय धनानंद की सभा में भी प्रचलित था। वह एक घमंडी और अन्यायी राजा था। उसके मन में प्रजा एक गुलाम से अधिक कुछ नहीं थी, लेकिन विष्णुगुप्त एक ऋषि का पुत्र था। उन्होंने न्यायशास्त्र, नैतिकता और अर्थशास्त्र का गहराई से अध्ययन किया हुआ था। उन्हें पता था कि अन्याय सहने की भी एक मर्यादा होती है। जब अन्याय और अहंकार उस मर्यादा की रेखा को पार करते हैं तो प्रजा भी अपना अंकुश खो देती है और राजा को अपने शासन से हटा देती है। वह धनानंद को चेतावनी देना चाहते थे कि अभी भी समय है, वह चाहें तो राज्य में सुशासन की फिर से स्थापना कर सकते हैं; पर 'विनाशकाले विपरीत बुद्धि'। अहंकार के नशे में रावण जैसा महान् ज्ञानी भी डूब गया था, फिर इन धनानंद जैसे अज्ञानी की क्या हैसियत!

विष्णुगुप्त की अम्लीय आवाज सुनने के बावजूद, धनानंद को अहसास नहीं हुआ। उसे विष्णुगुप्त ही दुश्मन जैसा लगा। उसने तुरंत सैनिकों को बुलाया और कहा, "सैनिको! अभी-के-अभी इस बदमाश ब्राह्मण को मेरी दृष्टि से और राज्य से बाहर निकाल दो। यह राजा का खाना खाता है, लेकिन उसकी रुचि सिर्फ प्रजा के हित में है। उसकी निष्ठा धनानंद के लिए नहीं, बल्कि प्रजा के लिए है। यह मुझे मेरे अधिकारियों के खिलाफ उकसा रहा है। यह हमारा मित्र नहीं, बल्कि शत्रु है।"

"महाराज! आपके इस सेवक के हृदय में आपका और आपके नंदवंश का ही हित बसा हुआ है, इसलिए मैं आपको चेतावनी दे रहा हूँ।" विष्णुगुप्त ने समझाने का एक और प्रयास किया।

"तू हमें चेतवानी दे रहा है? महाराज धनानंद को? राज्य का मालिक प्रजा है या राजा? तुम भूल गए हो, इसलिए तुम्हें याद दिलाना होगा। सैनिको, इस मूर्ख ब्राह्मण को उठाकर सभा से बाहर फेंक दो।" धनानंद क्रोध से काँप रहा था।

सैनिकों ने विष्णुगुप्त को उठाया और सभा से बाहर फेंक दिया और हँसने लगे। धनानंद की तरह उसके सैनिक भी नशे में चूर हो गए थे और प्रजा को तुच्छ समझने लगे थे, लेकिन विष्णुगुप्त प्रजा को ही राज्य का सच्चा पालनहार मानते थे। वह प्रजा की खुशी को राज्य की खुशी मानते थे। वह उठकर अपने घर की ओर

चलने लगा, लेकिन उसका मन धनानंद के शासन के विचारों में खोया हुआ था।

उसने सोचा कि लोग अब नंदवंश के शासन में सुरक्षित नहीं हैं। उस राज्य में रहना उचित नहीं है, जहाँ राजा प्रजा की रक्षा करने के बजाय खुद प्रजा को लूटता हो। लेकिन मातृभूमि को छोड़ना भी उचित नहीं है। अपने देशवासियों को इस अन्याय में छोड़कर चले जाना भी उचित नहीं है। घर आते ही उन्होंने नंदवंश को मिटाने का फैसला किया। पर कैसे?

वे अकेले ऐसा नहीं कर सकते थे। उन्हें पता नहीं था कि क्या करना है। लक्ष्य स्पष्ट था, लेकिन उन्हें समझ नहीं आ रहा था कि वहाँ कैसे पहुँचा जाए। अचानक उन्हें तक्षशिला (इस शहर के अवशेष पाकिस्तान और अफगानिस्तान की सीमा पर पाए गए हैं) से बुलावा आया और उन्हें वहाँ छात्रों को अर्थशास्त्र सिखाने का अवसर मिला। वह अवसर उन्होंने स्वीकार कर लिया। वे तक्षशिला पहुँचे और वहाँ उन्हें चाणकपुत्र चाणक्य के नाम से जाना जाने लगा।

वह लगभग ई.पू. 330 का दौर था। उस दौर में मगध की प्रजा धनानंद के शासन से परेशान थी और उन्हें कोई ऐसा शासक चाहिए था, जो मगध साम्राज्य की रक्षा और प्रगति कर सके; इतना ही नहीं, आर्यावर्त के विभिन्न भागों को एक सूत्र में बाँधकर चक्रवर्ती सम्राट् के आदर्श को चरितार्थ रूप दे सकता हो। कहा जाता है कि उस दौरान चाणक्य चंद्रगुप्त से मिले थे। चंद्रगुप्त एक योद्धा और कुशल सेनापति थे। चाणक्य ने उनकी शक्ति को पहचान लिया था। चाणक्य ने सोचा कि यदि मेरी योजनाएँ और चंद्रगुप्त की शक्ति एक हो जाए तो नंदवंश को नष्ट किया जा सकता है। फिर उनके और चंद्रगुप्त के बीच मित्रता स्थापित हुई और उन्होंने पहले पंजाब और सिंध पर विजय हासिल की।

पंजाब और सिंध में उस समय विश्व विजेता अलेक्जेंडर के प्रतिनिधि सामंत के रूप में शासन करते थे। उनकी नीति प्रजा का शोषण करने की थी। प्रजा उससे नाराज थी। चंद्रगुप्त उन विदेशियों के नियुक्त किए हुए सामंतों से लड़ना चाहते थे। चाणक्य की कूटनीति ने लोगों के मन में लगी हुई चिनगारी को प्रज्वलित कर दिया और प्रजा ने विद्रोह किया। उसी समय चाणक्य ने चंद्रगुप्त को विदेशी प्रांतों पर आक्रमण करने की सलाह दी। विदेशी प्रांत चाणक्य की कूटनीति के आगे झुक गए और तभी से चंद्रगुप्त चाणक्य को अपना गुरु मानने लगे।

उसके बाद चाणक्य और चंद्रगुप्त की जोड़ी ने नंदवंश पर आक्रमण किया। धनानंद के पास चंद्रगुप्त की तुलना में एक बड़ी सेना थी, लेकिन प्रजा उसके खिलाफ थी। चाणक्य ने एक बार फिर प्रजा को अपने साथ लिया और धनानंद को हराकर नंदवंश का नाश किया। ऐसा कहा जाता है कि चाणक्य ने नंदवंश को नष्ट करने तक अपनी शिखा को नहीं बाँधने की कसम खाई थी और वह चंद्रगुप्त था, जिसने धनानंद को परास्त करने के बाद उनसे खुली शिखा को बाँधने की विनती की थी।

चाणक्य के आशीर्वाद से चंद्रगुप्त ने पाटलिपुत्र (वर्तमान बिहार की राजधानी पटना) में मौर्य वंश की स्थापना की। वे स्वयं मौर्य साम्राज्य के प्रमुख बने और चाणक्य को महामात्य बनाया, तब चाणक्य ने चंद्रगुप्त को समझाते हुए कहा कि राज्य की नींव उसकी प्रजा होती है—

"राजा के शासन की नींव प्रजा होती है। राजा और राज्य का हित प्रजा के हित में ही है। जिस राज्य का राजा अपनी प्रजा के हित के बारे में सोचता है, उस राज्य की समृद्धि बढ़ जाती है। प्रजा के कल्याण में ही राजा का कल्याण है। राजा का मुख्य कार्य लोगों की सुख, शांति और समृद्धि को बढ़ाना है। राजा के लिए वह ही फायदेमंद है, जो उसकी प्रजा के लिए फायदेमंद है। कभी भी ऐसी नीति न अपनाएँ, जो स्वयं के लिए लाभदायक हो, लेकिन प्रजा के लिए हानिकारक हो।"

उसके बाद से चाणक्य को 'कौटिल्य' के नाम से जाना जाने लगा और उन्होंने विश्वप्रसिद्ध 'अर्थशास्त्र' का गठन किया। इस शास्त्र में बताया गया है कि प्रजा और राजा को किस तरह की नीति अपनानी चाहिए, साथ ही उन्होंने नीतिशास्त्र का भी गठन किया। इसमें उन्होंने कई महत्त्वपूर्ण, देशोपयोगी, जीवनोपयोगी और समाजोपयोगी सिद्धांतों का वर्णन किया है, जैसे कि एक राजा के कार्य, प्रजा का कर्तव्य, धर्म क्या है, स्त्री का महत्त्व वगैरह। ये सिद्धांत हर उम्र और हर समाज के लिए उपयोगी हैं। इसका एक स्थायी संदर्भ है।

उन्होंने और चंद्रगुप्त ने भारत में पूर्व से पश्चिम तक अपनी विजय पताका लहराई थी। मौर्य साम्राज्य की विजय पताका उत्तर में गांधार (आज का अफगानिस्तान) से दक्षिण में मैसूर तक लहराई गई थी। तिब्बती लामा तारनाथ और जैन मान्यताओं के अनुसार, चाणक्य ने 16 राज्यों के राजाओं और सामंतों

को नष्ट कर दिया था। मौर्य साम्राज्य में चाणक्य द्वारा स्थापित शासन की मुख्य विशेषताएँ आधुनिक गणराज्य के समान थीं, जैसे—सत्ता का केंद्रीयकरण, विकसित क्षेत्राधिकार, योग्य न्यायपालिका, योग्य नगर शासन, कृषि, शिल्प-उद्योग, संचार, वाणिज्य और व्यापार की वृद्धि।

चाणक्य की शासन व्यवस्था का मुख्य उद्देश्य जनहित था। चंद्रगुप्त और चाणक्य दोनों धर्म में रुचि रखते थे। अपने जीवन के अंतिम वर्षों में चंद्रगुप्त ने जैन धर्म को अपनाया था। जैन अनुयायियों के अनुसार, सं. ई.पू. 300 के दौरान जब मगध में 12 साल का सूखा पड़ा था, तब चंद्रगुप्त ने मौर्य साम्राज्य अपने बेटे बिंदुसार को सौंप दिया और राज्य छोड़ दिया, और फिर जैन आचार्य भद्रबाहु के साथ मैसूर के पास श्रवण बेलगोला चले गए। वहाँ उन्होंने एक सच्चे जैन साधु की तरह निराहार उपवास किया और अपना जीवन त्याग दिया।

चंद्रगुप्त द्वारा पाटलिपुत्र छोड़ने के बाद चाणक्य बिंदुसार के प्रधानमंत्री बने, लेकिन उनका सम्मान धीरे-धीरे कम होता गया। बिंदुसार में अपने पिता चंद्रगुप्त की तरह आदमी को समझने की क्षमता नहीं थी। उन्हें चाणक्य की तुलना में अपने एक मंत्री और मित्र सुबंधु पर अधिक विश्वास था। सुबंधु को मौर्य साम्राज्य का प्रधानमंत्री बनना था और चाणक्य उसे एक काँटे की तरह चुभ रहा था। वह चाणक्यरूपी काँटे को हटाने के लिए उत्सुक था। सुबंधु ने बहुत कोशिश की, लेकिन उससे कुछ नहीं हुआ। एक बार उन्हें बिंदुसार के जन्म और उनकी माँ की मृत्यु का रहस्य पता चल गया।

जैन मान्यताओं के अनुसार, चाणक्य ने चंद्रगुप्त को भोजन के साथ थोड़ा सा जहर लेने की सलाह दी थी, ताकि कोई दुश्मन उसे जहर न दे सके। एक बार चंद्रगुप्त की पत्नी दुर्गा ने गलती से वह जहरीला भोजन ले लिया, तब वह गर्भवती थी। चंद्रगुप्त ने चाणक्य की सलाह से दुर्गा के पेट को चीर दिया, ताकि दुर्गा के जहर का शिकार उसके गर्भ में पल रहा बच्चा न बन जाए, जहर गर्भ में पल रहे बिंदुसार के सिर से होकर गुजर गया। बिंदुसार बच गए, लेकिन दुर्गा की मृत्यु हो गई।

बिंदुसार इस रहस्य से अपरिचित था। सुबंधु ने चाणक्य नामक उसके रास्ते के काँटे को हटाने का एक अंतिम प्रयास किया और बिंदुसार को उसकी माँ की

मृत्यु का रहस्य बता दिया, लेकिन उसने बिंदुसार को चाणक्य के असली उद्देश्य की समझ नहीं दी। बिंदुसार चाणक्य पर क्रोधित हो गए और उसने उन्हें राज्य छोड़ने का आदेश दिया। चाणक्य ने अपना सारा धन गरीबों में बाँट दिया और अन्न-जल त्याग दिए। बिंदुसार को तब दासियों से चाणक्य और चंद्रगुप्त की मित्रता और उनके जन्म की सत्यता के बारे में पता चलता है। उसे गहरा पश्चात्ताप हुआ। वह चाणक्य को मनाने के लिए गया, लेकिन चाणक्य ने फिर से मौर्य शासन में कोई भी पद सँभालने से इनकार कर दिया।

बिंदुसार ने सुबंधु को दंडित किया और उसे मंत्री पद से हटा दिया। इससे सुबंधु क्रोधित हो गया और उसने चाणक्य की हत्या करने का फैसला किया। उसने चाणक्य को सम्मानित करने के बहाने एक समारोह आयोजित किया, जिसमें एक साजिश रची गई और चाणक्य को जिंदा जला दिया गया। ऐतिहासिक ग्रंथों के अनुसार, चाणक्य का जीवन-काल ई.पू. 350 से लेकर ई.पू. 283 तक का बताया जाता है। ब्रिटिश-प्रभावित भारतीय इतिहासकारों द्वारा चाणक्य को 'भारत का मैकियावेली' भी कहा जाता है, लेकिन भारत के पहले प्रधानमंत्री जवाहरलाल नेहरू इससे असहमत थे।

उन्होंने चाणक्य के बारे में अपनी पुस्तक 'डिस्कवरी ऑफ इंडिया' में लिखा है कि चाणक्य का जीवन सरल और संयमी था। वे राज्य के उच्च वैभव और धूमधाम में बिल्कुल भी दिलचस्पी नहीं रखते थे। उन्होंने अपनी प्रतिज्ञा पूर्ण होने और अपने सोचे हुए कार्यों को करने के बाद, एक ब्राह्मण को जो शोभा देता हो, वैसा राजनीति से विपरीत निवृत्त जीवन व्यतीत किया था।

चाणक्य और मैकियावेली की तुलना नहीं की जा सकती। मैकियावेली का क्षेत्र राजनीतिक विज्ञान और अर्थशास्त्र तक सीमित था, जबकि चाणक्य की नीति ने जीवन के हर पहलू—समाज, राज्य, अर्थ, धर्म को छुआ है।

अनुक्रम

ज्ञान

आन्वीक्षकी त्रयी वार्त्ता दण्डनीतिः इति विद्याः॥

विद्या के चार अंग हैं—आन्वीक्षकी, त्रयी, वार्त्ता और दंडनीति।

आन्वीक्षकी अर्थात् आत्म-ज्ञान (कुछ विद्वानों के अनुसार दर्शनशास्त्र, कुछ विद्वानों के अनुसार तर्कशास्त्र, साथ ही न्यायशास्त्र)।

त्रयी अर्थात् तीन वेद (सामवेद, ऋग्वेद और यजुर्वेद)।

वार्त्ता अर्थात् कृषि, पशुपालन और व्यापार।

दंडनीति अर्थात् शासन की नीति, सत्ता की सटीकता, सत्ता द्वारा सबकुछ नियंत्रित करने की नीति।

आचार्य ने विद्या के संदर्भ में इन चार विषयों को प्राथमिकता दी है, क्योंकि उस समय की राज्य-व्यवस्था इन चार विषयों पर आधारित थी, अर्थात् इन चार विषयों पर ही राजशाही की नींव निर्भर थी। राजशाही में राजा ही राज्य का कर्ताधर्ता था। अगर वह ही अज्ञानी हो तो कैसे चले? उसके पास असाधारण बुद्धि होनी चाहिए। उसी तरह वेदों का उस समय के लोगों पर जबरदस्त वर्चस्व था। लोग वेदों के आधार पर ही सबकुछ स्वीकार करते थे या अनुसरण करते थे। संक्षेप में कहें तो वेदों के बाहर की किसी भी चीज के लिए कोई समर्थन नहीं करता था। परिणामस्वरूप राजा के लिए वेदों का ज्ञान होना सिर्फ जरूरत नहीं, बल्कि एक आवश्यकता थी। राजा को उन तीनों का ज्ञान होना आवश्यक था। उस ज्ञान से ही राजा राज्य-व्यवस्था को चला सकता था। इसके अलावा, राजा

उन तीन विषयों को तभी नियंत्रित कर सकता है, यदि उसके पास प्रभावी सत्ता यानी कि दंडनीति हो··· संक्षेप में, राजा तभी सफल राजनीति कर सकता था, जब वह उपरोक्त सभी चार विषयों को जानता हो।

आपको उस क्षेत्र का संपूर्ण विवरण पता होना चाहिए, जिसमें आप शामिल हैं। बिना क्षमता के जिम्मेदारी उठानेवाला व्यक्ति हास्यास्पद हो जाता है। इसलिए आप जिस किसी क्षेत्र में हों, जिस किसी भी पद पर हों, उससे संबंधित संपूर्ण शैक्षणिक या अन्य कोई भी आवश्यक तालीम लेने से ही उसमें सफलता पाई जा सकती है।

□

सत्ता

आन्वीक्षकी-त्रयी-वार्त्तानां योगक्षेमसाधनो दण्डः।
तस्य नीतिः दण्डनीतिः।
अलब्धलाभार्था; लब्धरिरक्षणी;
रक्षितविवर्तनी; वृद्धस्य तीर्थेषु प्रतिपादनी च॥

आन्वीक्षकी, त्रयी, वार्त्ता, इन तीनों विषयों की सफलता दंड पर आधारित है। जो नीति दंड को आधार मानती है, वह दंडनीति है। यह नीति जो नहीं है, उसे प्राप्त करने की; जो है, उसका रक्षण करने की; जो रक्षित है, उसमें वृद्धि करने की; और जो संवर्धित है, उसका पुण्यक्षेत्र में विनियोग करने की नीति है।

आचार्य ने इन चारों में से दंडनीति को सबसे अधिक महत्त्व दिया है। उनके अनुसार (आन्वीक्षकी, त्रयी और वार्त्ता), इन तीनों विषयों की सफलता दंड पर ही आधारित है। यहाँ दंड का अर्थ मात्र सजा देने तक ही सीमित नहीं है। यहाँ आचार्य के अनुसार, दंड अर्थात् पूरी शासन-प्रणाली है। एक शासक, जिसके पास सटीक संचालन शक्ति है, वह सबकुछ हासिल कर सकता है; इतना ही नहीं, अपनी शक्ति के बल पर वह जो कुछ भी है, उसकी रक्षा भी कर सकता है और जो संरक्षित है, उसमें वृद्धि भी कर सकता है। वह जो संवर्धित है, उसका पुण्यक्षेत्र में विनियोग अर्थात् सदुपयोग भी कर सकता है। यह तभी मुमकिन है, अगर राजा के पास मजबूत दंडनीति, सफल राजनीति और शक्तिशाली सत्ता हो।

प्रशासक का मुख्य हथियार सत्ता है। सत्ता जितनी प्रभावी होगी, परिणाम उतना ही बेहतर होगा। जो प्रशासक अपनी सत्ता के दम पर अपने शासन का प्रभुत्व साबित नहीं कर पाता, उसे शासन करने का कोई हक नहीं है। एक प्रशासक के लिए तेज विवेकबुद्धि का होना भी बहुत जरूरी है। और उस बात का ज्ञान भी होना चाहिए कि उसे अपनी सत्ता का उपयोग कहाँ और कैसे करना है, क्योंकि सत्ता एक ऐसा हथियार है, जिसका उपयोग पूरी समझदारी और चेतना के साथ होना चाहिए। सत्ता का अंधा और लापरवाह उपयोग भी आपके शासन को उखाड़ फेंक सकता है। सत्ता एक ऐसी तलवार है, जिसकी एक धार आपके उदय का निर्माण करती है, तो दूसरी धार आपके पतन का। आपको तय करना है—आप किस धार को अपनाना चाहते हैं।

□

सत्ता का महत्त्व

चतुवर्णाश्रमो लोको राज्ञा दण्डेन पालितः।
सर्वधर्मकर्माभिरतो वर्तते स्वेषु वेश्मसु॥

वह राजा जिसने अपने हाथों में दंड धारण किया है, उसके द्वारा संरक्षित चारों जाति और चारों आश्रमों के लोग कानून की सीमा के भीतर अपने निर्धारित कर्तव्यों का पालन करते हैं।

आचार्य कहते हैं कि वह राजा, जिसके पास परिणाम देने की सत्ता होती है, जिसके पास कथित कार्य करने की शक्ति होती है, वहाँ प्रजा स्वतः ही अपनी सीमा में रहना सीख जाती है। ऐसे शासक अच्छे कार्य करनेवालों को सराहने और अपराधी को दंडित करने में एक पल भी विलंब नहीं करते। परिणामस्वरूप एक मजबूत समाज का निर्माण होता है, जिससे चारों जाति और चारों आश्रमों के लोग, कानून की सीमा के भीतर अपने निर्धारित कर्तव्यों का पालन करते हैं। संक्षेप में कहें तो एक मजबूत समाज के निर्माण के लिए एक शक्तिशाली शासन-व्यवस्था अनिवार्य है। अगर शासक ही कमजोर या प्रभावहीन हो तो प्रजा निरंकुश हो ही जाएगी, इस बात से किसी को हैरानी नहीं होनी चाहिए। हाथी को तभी अंकुश में रखा जा सकता है, अगर उसका नियंत्रण महावत के हाथ में हो। घोड़े को नियंत्रित करने के लिए जितनी जरूरत लगाम की है, उतनी ही जरूरत प्रजा के ऊपर एक शासक की सीधी नजर की है। लेकिन हाँ, यह सब सकारात्मक होना चाहिए।

समाज को नियंत्रण में रखने के लिए सुशासन की आवश्यकता होती है। शासक के पास सत्ता होती है। व्यवसाय का व्यवस्थापक भी एक प्रकार का शासक होता है। एक प्रशासक का पहला कर्तव्य अपने शासन में सामंजस्य बनाना है। यह तभी संभव है, जब वह अपने तंत्र में पारदर्शिता व नियमितता ला सके। एकरूपता को स्थापित करने के लिए दंड नामक हथियार का उपयोग उसे सबसे अंत में करना चाहिए। जिस तरह एक घुड़सवार अपने खुरों से घोड़े को नियंत्रित कर सकता है, उसे चाबुक की जरूरत नहीं पड़ती। उसी तरह एक प्रशासक के पास वह कौशल होना चाहिए, जिसके द्वारा वह उसके शासन में शामिल हर किसी से अपनी पसंद के काम को एक ही इशारे से करवा सके।

□

धन का महत्त्व

अर्थ एवं प्रधान इति कौटिल्यः;
अर्थमूलौ हि धर्मकामाविति॥

आचार्य कौटिल्य के अनुसार धर्म, अर्थ और काम तीनों में अर्थ की प्रधानता है। धर्म और कार्य अर्थ पर ही आधारित हैं।

चाहे वह राज्य-प्रणाली हो या परिवार-प्रणाली, दोनों ही अर्थव्यवस्था पर आधारित हैं। जो संस्था आर्थिक रूप से मजबूत नहीं होती, उसका जीवन-काल बहुत कम होता है। इसलिए आचार्य कौटिल्य धर्म, अर्थ और काम—इन तीनों में से अर्थ को प्रधानता देते हैं। उनके अनुसार, धर्म और काम दोनों अर्थ पर ही निर्भर हैं। आर्थिक रूप से असक्षम व्यक्ति या संस्था एक भी आर्थिक गतिविधि सफलतापूर्वक नहीं कर सकते। धन किसी भी आर्थिक गतिविधि का प्राण है। आजकल तो पानी भी बिना धन के नहीं मिलता। जो भी कोई इस दुनिया में अपना अस्तित्व बचाना चाहता है, उसे धन की जरूरत तो पड़ेगी ही। यदि किसी व्यक्ति के पास धन है तो ही वह अपने पारिवारिक या निजी जीवन को अच्छी तरह से जी सकेगा और अपनी धार्मिक या कार्य संबंधी जरूरतों को व्यवस्थित तरीके से पूरा कर सकेगा, क्योंकि धर्म या कार्य संबंधी गतिविधियों की उत्पत्ति भी आर्थिक गतिविधियों पर निर्भर करती है। यदि परिवार आर्थिक रूप से सुदृढ़ है तो ही परिवार के सभी सदस्य अपना काम ठीक से कर पाएँगे। यहाँ तक कि पैसे के बिना एक समय का भोजन भी संभव नहीं है, बाकी सब दूर की बात है। इसलिए

आचार्य धर्म, कार्य और अर्थ में से अर्थ की प्रधानता को स्वीकार करते हैं।

एक कहावत है, 'बिना धन नाथियो, धन के साथ नाथालाल।' इसे याद रखें और शक्तिशाली बनें। एक बात का ध्यान रखें कि नाथिया से नाथलाल बनने के लिए अन्य सफलताओं के साथ-साथ वित्तीय समृद्धि पाना बहुत जरूरी है। बेशक केवल सही तरीके से।

□

विनम्रता को अपनाओ

विद्याविनीतो राजा हि प्रजानां विनये रतः।
अनन्यां पृथिवीं भुङ्क्ते सर्वभूतहिते रतः॥

केवल वह राजा, जिसने ज्ञान के माध्यम से विनम्रता प्राप्त की है, वही प्रजा में विनम्रता स्थापित कर सकता है। चूँकि वह सभी के हित में सक्रिय है, इसलिए वह बिना किसी शत्रु के इस पृथ्वी पर शासन करता है।

वह राजा जिसने आन्वीक्षकी, त्रयी, वार्त्ता और दंडनीति इन चारों विषयों का अध्ययन किया है, उसे कई प्रकार के ज्ञान होंगे। इसके अलावा वह अहंकार और अन्य दोषों से मुक्त होगा, क्योंकि उसे अच्छे और बुरे कर्मों के अंतर की समझ होगी। परिणामस्वरूप वह हमेशा अपनी प्रजा के कल्याण के लिए प्रयत्नशील रहेगा। अब जो राजा विदुर हो, विवेकशील हो, सारे दुर्गुणों से मुक्त हो और प्रजावत्सल हो, भला उसका कोई शत्रु हो सकता है ? कोई नहीं हो सकता। उसकी कमजोरी क्या है ? कुछ भी नहीं। यही कारण है कि ऐसे राजा को लोगों द्वारा पसंद किया जाता है और वह लंबे समय तक शासन कर सकता है।

जो विनम्रतापूर्वक व्यवसाय का संचालन करता है, उसे हमेशा सफलता मिलेगी। व्यापार के विकास के लक्ष्य को सत्ता के उचित उपयोग के माध्यम से प्राप्त किया जा सकता है। व्यवस्थापक को सभी का सहयोग प्राप्त करने के लिए विनम्र रवैया रखने की आवश्यकता है। हर कोई उसे पसंद करता है, जो विनम्र होता है।

□

सोच-समझ के अपना कार्यक्षेत्र चुनें

यस्मिन् देशे न सम्मानो न वृत्तिर्न च बान्धवा:।
न च विद्याऽऽगम: कश्चित् तं देशं परिवर्जयेत्॥

ऐसी जगह में रहने का कोई मतलब नहीं, जहाँ सम्मान न हो, न कोई परिजन हो और न ही कोई शिक्षा प्राप्त करने का अवसर हो।

जिस देश, क्षेत्र या शहर में—

- व्यक्ति की गरिमा का खयाल न रखा जाता हो,
- रोजगार की कोई सुविधा न हो,
- कोई परिजन न हो,
- और जहाँ कोई शिक्षा प्राप्त करने का अवसर न हो,

उस स्थान को जितनी जल्दी हो सके, छोड़ दिया जाना चाहिए, क्योंकि वहाँ रहने से मनुष्य की सामाजिक, आर्थिक या शैक्षणिक आवश्यकताओं की पूर्ति नहीं की जा सकती।

दुनिया में रहनेवाले प्रत्येक मनुष्यो के विकास के लिए उसे सामाजिक, आर्थिक और शैक्षणिक सुविधाएँ देना आवश्यक है। एक इनसान के रूप में उसका दर्जा भी बना रहना चाहिए। जहाँ शिक्षा प्राप्त करने का अवसर न हो, यानी कि शिक्षा का कोई महत्त्व न हो, वहाँ रहनेवाले मनुष्य एक पशु के समान होते हैं। विद्याभ्यास ही मनुष्य में संस्कार के बीज बोता है और जीवनरूपी फूल उस पर खिलते हैं। जहाँ शिक्षा का कोई महत्त्व नहीं है, वहाँ व्यक्ति का भी कोई

मूल्य नहीं है। प्रत्येक क्षेत्र में रहनेवाले नागरिकों को अपनी क्षमता के अनुसार रोजगार मिल पाए, यह आवश्यक है, क्योंकि रोजगार ही उनकी बुनियादी जरूरतों को पूरा करेगा। ऐसे देश या क्षेत्र में रहना जोखिम है, जहाँ रोजगार की सुविधा उपलब्ध नहीं है, क्योंकि बेरोजगारी से तंग आ चुका मनुष्य अंततः अपनी जरूरतों को पूरा करने के लिए लूट का ही सहारा लेगा।

जगह का चयन भी योजना का एक हिस्सा है। ऐसी जगह चुनें, जहाँ उस क्षेत्र के लिए सही माहौल हो, जिससे आप संबंधित हैं। उस जगह पर सुसंस्कृत वातावरण होना भी जरूरी है। शिक्षा का वातावरण नई पीढ़ी को आकार देने में सहायक होगा। जहाँ गर्व से आजीविका मिल पाए और अपने आत्मिक विकास व बच्चों के शिक्षण की सुविधाएँ प्राप्त हों, वहाँ व्यवसाय करना चाहिए।

□

जितेंद्रिय बनिए

विद्याविनयहेतुरिन्द्रियजयः;
कामक्रोधलोभमानमदहर्षत्यागात्कार्यः।
कर्ण-त्वगक्षि-जिह्वा-घ्राणेन्द्रियाणां,
शब्द-स्पर्श-रूप-रस-गन्धेष्वविप्रतिपत्तिरिन्द्रियजयः॥

विद्या और विनय की प्राप्ति के लिए इंद्रियों पर विजय प्राप्त की जानी चाहिए। इंद्रियों पर विजय पाने के लिए काम, क्रोध, लोभ, अहंकार, वासना और आनंद से छुटकारा पाना होता है। यही कारण है कि मनुष्य को अपनी पाँचों इंद्रियों—कान, त्वचा, आँख, जीभ और नाक को नियंत्रित करके और उनसे उत्पन्न होनेवाले विकारों, जैसे कि श्रवण, स्पर्श, दृष्टि, स्वाद और गंध पर विजय प्राप्त करनी होती है। जो यह कर पाए, उसी को जितेंद्रिय कहते हैं।

आचार्य चाणक्य के अनुसार—जो जितेंद्रिय हैं, केवल वे ही ज्ञान और विनम्रता के हकदार हैं, क्योंकि उन्होंने अपनी इंद्रियों को वश में कर लिया है। इंद्रियों को वश में करने से पहले व्यक्ति को काम, क्रोध, लोभ, वासना, अहंकार, मादकता, आनंद से छुटकारा पाना होता है, क्योंकि ये सभी विकार एक व्यक्ति को अपना दास बना देते हैं। यदि व्यक्ति ऐसे विकारों का गुलाम बन जाए तो वह शांति से दूर होता जाता है। व्यक्ति की एकाग्रता नष्ट हो जाती है। प्राचीन काल में विभिन्न ऋषियों या तपस्वियों के तप को तोड़ने के लिए जिन उपायों का उपयोग किया जाता था, उसकी जड़ में उनकी एकाग्रता तोड़ना ही मुख्य आशय था। एक

बार जब एकाग्रता भंग हो जाती है तो व्यक्ति का दिमाग विचलित हो जाता है, लक्ष्य दृष्टि से गायब हो जाता है और क्षणिक प्रलोभन उसका लक्ष्य बन जाता है। संक्षेप में कहें तो व्यक्ति अपना मूल मार्ग भूल जाता है, परिणामस्वरूप वह भटक जाता है। शिक्षा का भी यही हाल है। विनम्रतापूर्वक ज्ञान प्राप्त करना बहुत मुश्किल है। ज्ञान और विनम्रता प्राप्त करने के लिए व्यक्ति को अपनी इंद्रियों पर नियंत्रण रखना चाहिए।

जो अपनी इंद्रियों पर विजय पा सकता है, वह सबकुछ जीत सकता है। यह कार्य कठिन है, लेकिन असंभव नहीं है। दुनिया के किसी भी क्षेत्र में सफलता प्राप्त करने का केवल एक ही तरीका है। संयम, विवेक, समझ, श्रम'' यह सब तभी हासिल होता है, जब आपका खुद पर नियंत्रण होता है। सबसे पहले आप अपने आप को जीतें। दुनिया को तो अपने आप ही जीत लोगे।

□

सभी पहलुओं पर विचार करें

धनिकः श्रोतियो राजा नदी वैद्यस्तु पञ्चमः।
पञ्च यत्र न विद्यन्ते न तत्र दिवसं वसेत्॥

जहाँ कोई सेठ, वेदपाठी विद्वान्, राजा, वैद्य और कोई नदी नहीं है, वहाँ एक दिन भी नहीं ठहरना चाहिए।

जिस देश, क्षेत्र या शहर में—

- कोई अमीर व्यक्ति न हो,
- कोई विद्वान् न हो,
- कोई राजा या शासक न हो,
- कोई वैद्य न हो,
- कोई नदी न हो,

वहाँ एक दिन भी रुकने का कोई मतलब नहीं है। धनी, विद्वान्, राजा, वैद्य और नदी जीवन में अत्यधिक महत्त्व रखते हैं। अच्छा जीवन जीने के लिए ये पाँच काफी हद तक आवश्यक हैं।

ऐसे क्षेत्र में रहने का क्या लाभ, जहाँ कोई भी अमीर व्यक्ति, विद्वान् व्यक्ति और वैद्य न रहते हों। विपत्ति के समय धन की आवश्यकता होती है, अवसर के समय परामर्श के लिए विद्वान् व्यक्ति की आवश्यकता होती है और रोगों के निवारण के लिए एक अच्छे चिकित्सक की भी आवश्यकता होती है। दुनिया की हर संस्कृति नदी के ही किनारे विकसित हुई है। जीवन नदी के किनारे ही पनपा

है और व्यापार-वाणिज्य विकसित हुए हैं। हड़प्पा संस्कृति, नील संस्कृति और मेसोपोटामिया की संस्कृति नदी के किनारे ही विकसित हुई; यही नहीं, नदी के किनारे आधुनिक शहर और राष्ट्र भी फले-फूले हैं।

नदी पानी का एक स्रोत है। किसी निर्जल क्षेत्र में रहना मुश्किल है। अमीर व्यक्तियों का स्थान आज बैंकों द्वारा बदल दिया गया है; विद्वान् व्यक्तियों का विकल्प विद्या संस्थान है। प्रशासन और चिकित्सा सुविधा का महत्त्व अपरिहार्य है। ऐसी जगह पर ही व्यापार करना उचित है।

□

सही क्षेत्र चुनें

गम्यते यदे मृगेन्द्र-मन्दिरं लभ्यते करिकपोलमौक्तिकम्।
जम्बुकाऽऽलयगते च प्राप्यते वत्स-पुच्छ-खर-चर्म-खण्डनम्॥

यदि कोई व्यक्ति शेर की माँद में पहुँच जाए, तो शायद उसे वहाँ एक बड़े हाथी के सिर का मोती मिल सकता है। लेकिन यदि वह वहाँ पहुँच जाए, जिस स्थान पर लोमड़ी रहती है तो वह बछड़े की पूँछ का टुकड़ा या गधे की त्वचा के अवशेष पाता है।

यदि कोई व्यक्ति शेर की माँद में जाता है तो संभव है, उसे वहाँ एक बड़े हाथी की सूँड़ के अवशेष देखने को मिल जाए, लेकिन यदि व्यक्ति वहाँ चला जाए, जहाँ लोमड़ी रहती हो, तो उसे बछड़े की पूँछ या गधे की खाल का एक टुकड़ा जैसे अवशेष ही देखने को मिलेंगे। केवल एक शेर ही एक हाथी का शिकार कर सकता है—एक लोमड़ी केवल मृत जानवरों और अन्य जानवरों द्वारा किए शिकार का बचा हुआ जूठा हिस्सा ही प्राप्त कर सकती है।

शक्तिशाली व्यक्ति की संगत से ज्ञानवर्धक बातें जानने को मिलती हैं। सत्संग करने से सदाचाररूपी मोती मिलता है, लेकिन दुर्जनों की संगत से सिर्फ दुष्टता ही सीखने को मिलती है और मनुष्य में काफी सारे दुर्गुण प्रवेश कर जाते हैं। इसलिए एक व्यक्ति को हमेशा उच्च कक्षा के विद्वान् और सज्जन लोगों की संगत में रहना चाहिए और दुर्जनों से दूर रहना चाहिए।

यही उपदेश अगर आचार्य ने मैनेजमेंट के संदर्भ में दिया होता तो कुछ इस तरह होता "यदि व्यवसाय समृद्ध क्षेत्र में किया जाए, तो आपको उत्कृष्ट ग्राहक मिल सकते हैं, लेकिन यदि आप किसी ऐसे स्थान पर जाते हैं, जहाँ लोग चालाक, घोटालेबाज, ठग किस्म के हों, तो वहाँ केवल नुकसान और बरबादी का सामना करना पड़ेगा। आपके द्वारा चुने गए क्षेत्र का आपके व्यवसाय पर सीधा प्रभाव पड़ता है। केवल उसी जगह पर व्यापार करें, जहाँ उसके बढ़ने की पूरी संभावनाएँ हों। मतलब, हाथी के मस्तक का मोती पाने के लिए आपको शेर की माँद में ही प्रवेश करना होगा और इसके लिए आपको छत्तीस इंच के सीने की जरूरत होगी! 'हरि का मार्ग बहादुर आदमी का काम है, कायर का नहीं!'

□

संचालन कौशल की धार को तेज करें

हतं ज्ञानं क्रियाहीनं हतश्चाऽज्ञानतो नरः।
हतं निर्णायकं सैन्यं स्त्रियो नष्टा ह्यभतृकाः॥

जो ज्ञान लागू नहीं होता है, वह नष्ट हो जाता है। अज्ञान मनुष्य को नष्ट कर देता है। एक सेनापति के बिना एक सेना और पति के बिना एक स्त्री का हमेशा नाश होता है।

विचारों के अनुसार कार्य करना कठिन है। ज्ञान होना एक गौण बात है और उसे व्यवहार में लाना मुख्य बात है। नायकों के आचरण और विचार में कोई अंतर नहीं होता। जो व्यक्ति अपने पास मौजूद ज्ञान का सही से उपयोग नहीं करता, उसका ज्ञान व्यर्थ हो जाता है। किसी ऐसे व्यक्ति पर भरोसा न करें, जिसका आचरण और विचार समान न हों। अज्ञान एक अभिशाप है। अज्ञानी मनुष्य का जीवन अंधकार की तरह है। सेना की सफलता सेनापति पर निर्भर करती है। वह सेनापति ही होता है, जो सेना का नेतृत्व और मार्गदर्शन करता है। बिना सेनापति की किसी भी सेना को इस बात का कोई विशेष ज्ञान नहीं होता है कि युद्ध कैसे करना है और दुश्मन उसे आसानी से नष्ट कर सकते हैं, उसी तरह परिवार में पुरुष महत्त्वपूर्ण है, बिना पुरुष के महिला अधूरी है।

कोई भी कौशल तभी पनपता है, जब उसका समय-समय पर उपयोग होता रहता हो। किसी व्यक्ति का विकास उसके कौशल के कारण होता है। जिस व्यवसाय को एक अच्छा संचालक और पर्याप्त पूँजी नहीं प्राप्त होती, वह व्यवसाय दिवालिया हो जाता है। एक अच्छा प्रबंधक वह है, जो व्यवसाय की आशंकाओं के आधार पर निर्णय लेता है। अगर व्यावसायिक ज्ञान को लागू नहीं किया जाता, तो वह किसी भी काम का नहीं रहता।

□

कुछ चीजों को गुप्त ही रखें

सुसिद्धमौषधं धर्मं गृहच्छिद्रं च मैथुनम्।
कुभुक्तं कुश्रुतं चैव नातिमात्रं प्रकाशयेत्॥

बुद्धिमान् व्यक्ति को अपने औषधीय आविष्कार, उसके व्यक्तिगत धार्मिक अनुष्ठान, घर में चल रहा कोई दोष, स्त्री के साथ संभोग, अखाद्य भोजन और सुनी हुई निंदा के संदर्भ में किसी से कुछ नहीं कहना चाहिए।

आचार्य द्वारा उपर्युक्त दरशाए गए मामले अत्यंत संवेदनशील हैं। ये ऐसी चीजें हैं, जिन्हें आपको व्यक्तिगत और अत्यंत गुप्त रखना चाहिए। अगर ये सारी चीजें दुनिया के सामने आ जाएँ, तो आपको उसके नकारात्मक परिणाम भुगतने के लिए तैयार रहना होगा। आपको बहुत प्रायश्चित्त करना होगा, इसलिए कुछ बातों को गोपनीय रखने में ही भलाई है।

मौन रहने के कई लाभ हैं। मान लीजिए कि आप अपने एक निजी दोस्त को बताते हैं कि आपने कुछ नया शुरू किया है, फिर आपका वह निजी दोस्त अपने किसी निजी दोस्त को इसके बारे में सूचित करता है, ऐसा होते-होते बात पूरे बाजार में फैल जाती है। मुद्दा यह है, बाजार में हर कोई आपका दोस्त नहीं होगा। कुछ शत्रु भी होंगे। कुछ प्रतियोगी भी होंगे; जो आपके काम में रुकावटें पैदा करेंगे, वे बाजार में संदेह का माहौल पैदा करेंगे। आपको या आपके काम को बदनाम करने का प्रयत्न करेंगे। आपके काम पर इसका प्रत्यक्ष या परोक्ष प्रभाव पड़ेगा। यही कारण है कि आपको कभी भी कुछ रहस्यों को उजागर नहीं करना चाहिए, इससे आपकी अपने आप को नुकसान पहुँचाने की संभावना बढ़ जाती है। □

अपने साम्राज्य का विस्तार करें

बाहुवीर्यं बलं राज्ञो ब्राह्मणो ब्रह्मविद् बली।
रूपयौवनमाधुर्यं स्त्रीणां हि बलमुत्तमम्॥

राजा की ताकत उसकी सेना में है और ब्राह्मण की ताकत उसके ज्ञान में है; जबकि स्त्रियों की ताकत उनके रूप-यौवन में और साथ ही उनके मीठे व्यवहार में है।

एक राजा अपनी सेना से ताकतवर होता है। राजा की सेना जितनी बड़ी और उसके हथियार जितने परिष्कृत होंगे, उसकी शक्ति भी उतनी ही अधिक मानी जाएगी।

एक ब्राह्मण की ताकत उसके ज्ञान में है। केवल ज्ञानी ब्राह्मण की पूजा की जाती है। ब्राह्मण जितना अधिक ज्ञानी होगा, उसे उतना ही अधिक सम्मान मिलेगा। ब्रह्म को जाननेवाला ब्राह्मण ही बलवान् होता है। ब्रह्म ही ब्राह्मण का शस्त्र है। स्त्रियों की ताकत उनकी सुंदरता के साथ आवाज के माधुर्य और व्यवहार में निहित है। यदि किसी महिला की सोने जैसी सुंदरता के साथ सुगंध के समान सुशीलता को मिलाया जाए, तो उससे परिवार की शोभा में चार चाँद लग जाएँगे।

अपनी विशेषताओं को पहचानें और उन्हें पूर्ण रूप से विकसित करें। केवल आपके विशेष कौशल आपको दूसरों से अलग स्थापित करेंगे। उस विशेष शक्ति का सही उपयोग करना सीखें और उसके माध्यम से खुद का विकास करें।

□

विश्वासु कर्मचारी

मर्यादां स्थापयेदाचार्यानमात्यान् वा
य एनमपायस्थानेभ्यो वारयेयुः।
छायानालिकाप्रतोदेन वा रहसि प्रमाद्यन्तमभितुदेयुः॥

(राजा के) गुरुओं के साथ-साथ अमात्यों को (राजा को) बुरे और अनुचित कर्म करने से रोकना चाहिए, यदि वह एकांत में लापरवाह है और प्रमोद में डूबा रहता हो, तो उसे समयसूचक यंत्र या सूर्यप्रकाश की छाया जैसी युक्तियों से सजग करवाना चाहिए।

थोड़ी सी सफलता के साथ एक आम आदमी भी नशे में चूर हो जाता है। तो जिसके हाथ में राज्यसत्ता आ जाए, पूरे राष्ट्र का शासन आ जाए, वह अपना होश खो दे तो उसमें आश्चर्य किस बात का! राजा···राष्ट्र का प्रमुख, प्रजा का संरक्षक होता है। वह अपना होश खो दे तो कैसे चलेगा? आचार्य चाणक्य इसलिए सलाह देते हैं कि राजा को अपने गुरुओं के साथ-साथ अमात्य को भी खुद को (राजा को) बुरे और अनुचित काम करने से रोकने का अधिकार देना चाहिए। आचार्य कहते हैं कि आचार्यों के साथ-साथ अमात्य को भी राजा का निरंतर ध्यान रखना चाहिए। उन्हें राजा की छोटी-से-छोटी गतिविधियों पर भी ध्यान देना चाहिए। यदि राजा कोई अनुचित या अहितकारी कदम उठाए, तो उसे सही रास्ता दिखाया जाना चाहिए। यदि राजा अपनी सीमाओं का उल्लंघन करता हुआ दिखाई दे तो उसे चेतावनी दी जानी चाहिए। यदि वह एकांत में लापरवाह

है और प्रमोद में डूबा रहता हो या मदिरापान करके बेहोशी की हालत में दिखे तो तुरंत ही उसे समयसूचक यंत्र या सूर्यप्रकाश की छाया जैसी युक्तियों से सजग करवाना चाहिए। ऐसे समय में राजा को भी परिस्थिति को समझकर खुद पर अंकुश पा लेना चाहिए।

राजा अर्थात् शासक के विश्वासु अधिकारियों की सूची में केवल उच्च कक्षा के चरित्रवान व्यक्ति ही होने चाहिए, जो राजा को जरूरत पड़ने पर टोक भी सकें। तभी राजा सुरक्षित और संयमित रह सकता है, क्योंकि ऐसे लोग राजा के लिए दर्पण की तरह होते हैं और जिस व्यक्ति के पास दर्पण होता है, उसे तैयार होने में ज्यादा समय नहीं लगता। प्रत्येक व्यवस्थापक को ऐसे वफादार सलाहकारों की आवश्यकता होती है, जो उसे अपनी खुद की गलतियों से अवगत करवाते रहें।

□

सहायकों की नियुक्ति

सहायसाध्यं राजत्वं चक्रमेकं न वर्तते।
कुर्वीत सचिवांस्तस्मात्तेषां च शृणुयान्मतम्॥

जैसे एक पहिए से रथ नहीं चल सकता, वैसे ही एक राजा (बिना किसी की मदद के) राजनीति नहीं कर सकता। इसलिए राजा को सहायक मंत्रियों की नियुक्ति करके उनकी सलाह के अनुसार राजनीति करनी चाहिए।

आचार्य चाणक्य कहते हैं कि जिस प्रकार रथ में अगर एक ही पहिया हो तो रथ नहीं चल सकता, ठीक उसी प्रकार एक राजा अकेले शासन नहीं कर सकता, क्योंकि राज्य में कई तरह की जिम्मेदारियाँ होती हैं। उसका क्षेत्र भी विस्तृत होता है। अकेले अपने सभी क्षेत्रों या संचालन का प्रबंधन करना कभी संभव नहीं है, इसलिए राजा को पहले अपने राज्य के क्षेत्रों को विभाजित करना होगा, फिर उन विभाजित क्षेत्रों को भी अलग विभागों में विभाजित करना होगा और फिर प्रत्येक विभाग को अलग-अलग अधिकारियों द्वारा चलाना होगा। इसी तरह, राज्य के विभिन्न विभागों में विभिन्न मंत्रियों, अमात्यों या अधिकारियों को नियुक्त करना होगा। संक्षेप में कहें, तो श्रम को विभाजित करना होगा और इस प्रकार एक विशाल राज्य का संचालन करना होगा। महासचिव के साथ-साथ राजपुरोहित का भी राज्य-व्यवस्था में योगदान बहुत बड़ा माना जाता है, इसलिए आचार्य चाणक्य उनकी नियुक्ति में विशेष रूप से सावधान रहने की सलाह देते हैं।

कोई भी व्यक्ति कितना भी शक्तिशाली क्यों न हो, वह समग्रता का बोझ अपने कंधों पर नहीं उठा सकता, इसलिए शासक को संस्था की स्थापना के बाद अपनी सुनियोजित को व्यवस्थित तरीके से चलाने के लिए सक्षम और कुशल कर्मचारियों को चुनना चाहिए। उसे अपने संगठन को विभिन्न विभागों में विभाजित करना चाहिए और प्रत्येक विभाग के अनुसार कर्मचारियों की भरती करनी चाहिए और उनके सहयोग से ही अपना काम करना चाहिए।

□

मंत्री या मैनेजर की नियुक्ति से पहले

तेषां जनपदमवग्रहं चाप्यतः परीक्षेत, समानविधेभ्यः शिल्पं शास्त्र-चक्षुष्मतां च, कर्मारम्भेषु प्रज्ञां धारयिष्णुतां दाक्ष्यं च; कथायोगेषु वाग्मित्वं प्राग्ल्भ्यं प्रतिभानवत्त्वं च, आपद्युत्साहप्रभावौ क्लेशसहत्वं च; संव्यवहाराच्छोचं मैत्रतां दृढ़भक्तित्वं च; संवासिभ्यः शीलबलारोग्यसत्त्वयोगमस्तम्भचापल्यं च; प्रत्यक्षतः सम्प्रियत्वमवैरित्वं च॥

मंत्री पद (मंत्री के रूप में) के लिए किसी भी उम्मीदवार का चयन करने से पहले सत्यनिष्ठ, प्रामाणिक और न्यायप्रिय, माननीय गण्यमान्य व्यक्तियों द्वारा उम्मीदवार के निवास, रहने की स्थिति और वित्तीय स्थिति के बारे में—

- उसके सहपाठियों से उसकी वास्तविक योग्यता और
- उसके चरित्र और शास्त्रज्ञान द्वारा उसकी गति, रुचि, प्रवृत्ति के बारे में,
- नए कार्यों द्वारा उसकी बुद्धि, स्मृति, कौशल्य, वाग्मिता, आत्मविश्वास, तर्कशक्ति, धैर्य, सहनशक्ति, दूसरों के साथ उसका व्यवहार, आचरण की पवित्रता, अपने मित्र के प्रति उसकी भावना,
- साथ ही, उसके साथ रहनेवाले दोस्तों से उसकी विनम्रता, स्वास्थ्य, शक्ति, साहसिक कार्य, स्थिर प्रकृति आदि के बारे में पता कर लेना चाहिए।

उपरोक्त गुणों की पुष्टि के बाद ही राजा को किसी निर्णय पर पहुँचना चाहिए। पुष्टि इसलिए, क्योंकि जिस मंत्री पद पर वह बैठने जा रहा है, वह एक अत्यंत उत्तरदायी पद है। वह झूठा, दुष्ट, अन्यायी, असभ्य, अयोग्य, दुश्चरित्र, अज्ञानी, दुःखी, आलसी, मूर्ख, पूर्वग्रही, जल्दबाज, अहंकारी, जिद्दी या धोखेबाज हो तो नहीं चलेगा। इसलिए राजा को विश्वसनीय स्रोतों के माध्यम से उसके बारे में छोटी-से-छोटी जानकारी भी प्राप्त करनी चाहिए।

आपके संगठन या कंपनी में नियुक्त किए जानेवाले मंत्री या प्रबंधक का पद एक जिम्मेदारीवाला पद है, जिनके चयन के वक्त उम्मीदवार को उसकी ताकत और सीमाओं के आधार पर आँका जाना चाहिए। उसका चुनाव सिर्फ खाली जगह भरने के लिए नहीं, बल्कि व्यवस्था को बनाए रखने के लिए होना चाहिए। और इसके लिए पूर्ण चेतना का होना अति आवश्यक है।

□

मंत्री की नियुक्ति

जानपदोऽभिजातः स्ववग्रहः कृतशिल्पश्च चक्षुष्मान् प्राज्ञो
धारयिष्णुर्दक्षो वाग्मी प्रगल्भः प्रतिपत्तिमानुत्साहप्रभावयुक्तः
क्लेशसहः शुचिमैत्रो दृढ़भक्तिः शीलबलारोग्यसत्त्वसंयुक्तः
स्तम्भ-चापल्यवर्जितः सम्प्रियो वैराणामकर्तेत्यमात्यसम्पत्।
अतः पादार्घगुणहीनौ मध्यमावरौ॥

नियुक्त किया हुआ मंत्री अपने ही क्षेत्र का, दुर्गुण (मद, जुआ, शिकार, परस्त्रीगमन) से पूर्णतः मुक्त, कुशल सवार, ललित कला का पारखी, अर्थशास्त्र, नीतिशास्त्र का जानकार, तेज याददाश्तवाला, चतुर, अवसर के अनुसार बोलनेवाला, प्रगल्भ, प्रतिवादी, उत्साही, प्रभावशाली, सहिष्णु, पवित्र, मित्रता करने योग्य, कहे अनुसार करनेवाला, स्वामिभक्त, सुशील, बलवान, स्वस्थ, धीरजवान, निरभिमानी, स्थिर प्रकृतिवाला, दिखने में सुंदर, द्वेषवृत्तिरहित होना चाहिए। इनमें से जो चतुर्थांश गुणरहित हो, उसे मध्यम और आधे गुणधारी को अधम मंत्री समझना चाहिए।

राज्य-व्यवस्था में मंत्री का स्थान राजा के बाद, यानी कि दूसरा है, इसलिए उसकी जिम्मेदारी व्यापक तो होनी ही है। इसके उपरांत, मंत्री राजा का एक ऐसा अंग होता है, जो बिना सत्ता स्थान पर विराजमान हुए, पूरी राज्य व्यवस्था चलाता है; मतलब वह परदे के पीछे का राजा है। राजा का एक मजबूत विकल्प है। यह कहा जाता है कि यदि राजा का मंत्री बुद्धिमान् हो तो राज्य को नुकसान नहीं

होगा, लेकिन यदि बुद्धिमान् राजा का मंत्री मूर्ख हो तो राज्य निश्चित रूप से डूब जाएगा, अर्थात् राज्य प्रणाली में मंत्री का पद बहुत ही बुनियादी और अद्वितीय है, इसलिए आचार्य चाणक्य मंत्री के चयन में उपरोक्त (शायद ही कभी देखे जानेवाले) गुणों की अपेक्षा करते हैं।

शासक की सक्षम सहायक शक्ति क्या है? उसका मंत्री है। उसे चुनने में कोई हड़बड़ी नहीं होनी चाहिए। मंत्री या मैनेजर ऐसा होना चाहिए, जो पूरी प्रणाली का भार अपने कंधों पर ले सके और उसका उचित संचालन कर सके। मंत्री या मैनेजर का चुनाव उसकी सभी शक्तियों को ध्यान में रखते हुए किया जाना चाहिए।

□

उच्च अधिकारियों की नियुक्ति

प्रत्यक्षपरोक्षानुमेया हि राजवृत्तिः स्वयंदृष्टं प्रत्यक्षं,
परोपदिष्टं परोक्षं, कर्मसु कृतेनाकृतावेक्षमाणमनुमेयम्।
योगोपधाकर्मणामनेकत्वादनेकस्थत्वाच्च देशकालात्ययो
मा भूदिति परोक्षममात्यैः कारयेदित्यमात्यकर्म॥

राजनीति या व्यवसाय में प्रत्यक्ष, परोक्ष और अनुमान जैसे तरीकों का उपयोग किया जाता है।

- किसी घटना को नजरों के सामने देखना एक प्रकार का प्रत्यक्ष ज्ञान कहलाता है।
- किसी घटना का दूसरों के द्वारा विवरण करने से जान पाना परोक्ष ज्ञान कहलाता है।
- पूर्ण किए हुए किसी एक कार्य के आधार पर उसके समानांतर ही कोई दूसरा कार्य शुरू करने में जो आत्मविश्वास होता है, वह अनुमान आधारित होता है। चूँकि व्यवसाय में कई स्थानों पर एक साथ कई कार्य होते हैं, ये सभी कार्य सही जगह और सही समय पर हो सकें, इसलिए उनकी जिम्मेदारी अमात्य को सौंपी जानी चाहिए। यह सब कार्य अमात्य को करने होते हैं।

चाणक्य ने अमात्य के लिए 'सचिव' शब्द का प्रयोग किया है। राज्य-व्यवस्था में राजा के बाद मंत्री और मंत्री के बाद अमात्य का स्थान आता है।

आचार्य चाणक्य कहते हैं कि राजनीति प्रत्यक्ष कार्यों, परोक्ष कार्यों और अनुमानों पर आधारित कार्यों का योग है। अब राजा अकेले इन सभी कामों को नहीं कर सकता। इन सभी जिम्मेदारियों को पूरा करने के लिए राजा को अमात्य की नियुक्ति करनी चाहिए और अप्रत्यक्ष रूप से उनके माध्यम से विभिन्न कार्य करने चाहिए।

जिस तरह राज्य-प्रणाली में एक सचिव चुना जाता है, ठीक उसी तरह एक निजी संगठन या कंपनी को मंत्री या मैनेजर का चयन करने के बाद, कंपनी से संबंधित कार्य करने के लिए विभिन्न विभागों के मुख्य अधिकारियों का चयन करना चाहिए। न तो शासक और न ही प्रशासक सभी कार्य अकेले कर सकते हैं। इसके अलावा, कंपनी या संगठन जितना बड़ा होगा, उनके संचालन कार्य भी उतने ही बड़े होंगे। इसलिए एक शासक को अपने तंत्र में उपयुक्त और कुशल सचिवों/मैनेजर की नियुक्ति अपने विशाल कार्यों को करने के लिए करनी चाहिए।

□

सचिवों का परीक्षण करना

मन्त्रिपुरोहितसखः सामान्येष्वधिकरणेषु
स्थापयित्वाऽमात्यानुपधाभिः शोधयेत्॥

सही व्यक्तियों को अमात्य पद पर नियुक्त करने और उन्हें उनके कर्तव्यों से अवगत करवाने के बाद, राजा को मंत्री और पुरोहित को विश्वास में लेना चाहिए और उनकी मदद से अमात्य के आचरण का परीक्षण करना चाहिए।

अमात्य राज्य प्रशासन का एक महत्त्वपूर्ण अधिकारी है। उसके पास कई प्रकार की जिम्मेदारियाँ होती हैं। उनके किसी भी कार्य का राज्य पर सीधा प्रभाव पड़ता है, इसलिए आचार्य सलाह देते हैं कि राजा को पहले विभिन्न विभागों में अमात्य नियुक्त करना चाहिए और फिर अपने मंत्रियों और पुरोहितों को विश्वास में लेकर उनके आचरण की जाँच करनी चाहिए, ताकि उनकी उपयुक्तता और ईमानदारी के बारे में मानक जानकारी उपलब्ध हो। इसके लिए आचार्य ने निम्नलिखित चार प्रकार के परीक्षण सुझाए सूचित किए हैं—

धर्मोपदा : धर्मोपदा धार्मिक व्यक्तियों द्वारा गुप्त रूप से संचालित उच्च अधिकारियों की धार्मिक परीक्षा है।

अर्थोपदा : उच्च अधिकारियों को आर्थिक प्रलोभनों में फँसाकर उसके चरित्र की कसौटी करने को अर्थोपदा कहते हैं।

कामोपदा : वासना की संतुष्टि से संबंधित प्रलोभनों द्वारा ली गई परीक्षा को कामोपदा कहा जाता है।

भयोपदा : भय संबंधी उपायों के साथ उच्च अधिकारियों की जाँच करने को भयोपदा कहा जाता है।

संगठन या कंपनी की किसी भी जिम्मेदारी को उस व्यक्ति को सौंपना चाहिए, जो इसके लिए योग्य है''इसके लिए शासक या प्रशासक को अपने प्रत्येक अधिकारी या कर्मचारी की उनके प्रदर्शन के अनुसार जाँच करनी चाहिए। परीक्षा में उत्तीर्ण होनेवाले व्यक्ति को ही उस पद या जगह पर नियुक्त किया जाना चाहिए।

□

किसको कौन से पद पर नियुक्त करना?

तत्र धर्मोपधाशुद्धान् धर्मस्थीयकण्टकशोधनेषु स्थापयेत्,
अर्थोपधाशुद्धान् समाहर्तृसन्निधातृ-निचयकर्मसु,
कामोपधाशुद्धान् बाह्याभ्यन्तरविहार-रक्षासु,
भयोपधाशुद्धानासन्नकार्येषु राज्ञः सर्वोपधाशुद्धान् मन्त्रिणः
कुर्यात्। सर्वत्राशुचीन् खनिद्रव्यहस्तिवनकर्मान्तेषूपयोजयेत्॥

अमात्य जो उपर्युक्त परीक्षणों को पार कर चुके हैं, अमात्य जिन्होंने धर्मशास्त्रीय परीक्षणों को पार किया हो, उन्हें धर्मस्थलों (नागरिक कार्यालय) के साथ-साथ काँटाक्षोधन (आपराधिक कार्यालयों) में नियुक्त करना चाहिए। अमात्य, जिन्होंने अर्थ संबंधी कसौटियों को पार किया हो, उन्हें कर विभाग और कोषाध्यक्ष जैसे पदों पर नियुक्त करना चाहिए। कामोपदा-कामवासना से संबंधित कसौटियों को उत्तीर्ण करनेवाले अमात्यों को विहार स्थल और रानी के आवास की आंतरिक सुरक्षा व्यवस्था की जिम्मेदारी सौंपनी चाहिए। भयोपदा-भय आधारित कसौटियों को उत्तीर्ण करनेवाले अमात्यों को राजा के अंगरक्षक के तौर पर नियुक्त करना चाहिए। सभी प्रकार की कसौटियों को पार करनेवाले अमात्यों को मंत्री पद पर नियुक्त करना चाहिए और सभी प्रकार की कसौटियों में निष्फल रहनेवाले अमात्यों को जंगल और जानवरों की सुरक्षा और खुदाई जैसे कार्यों पर लगा देना चाहिए।

आचार्य चाणक्य मनुष्यों की और अधिकारियों की मर्यादा अच्छे से जानते

हैं। उपरोक्त श्लोक में हमें उनकी सूक्ष्म अवलोकन दृष्टि की झलक मिलती है। आचार्य कहते हैं कि किसी भी पद को उस व्यक्ति को सौंपा जाना चाहिए, जिसके लिए वह योग्य है। और इसलिए उन्होंने राज्य-व्यवस्था के चार प्रभागों में उन्हीं अमात्यों को नियुक्त करने पर जोर दिया है, जिन्होंने विभिन्न कसौटियों को पार करके अपने-अपने क्षेत्र में अपनी योग्यता सिद्ध की है। उपरोक्त व्याख्या में अयोग्य लोगों के साथ क्या करना है, उस पर भी प्रकाश डाला गया है।

कुम्हार एक बरतन की कीमत उसे पहिए पर रखकर, उसे पकाकर और उसे पीटकर ही निर्धारित करता है। आपको भी अपने साथ जुड़नेवाले व्यक्ति के पूर्ण प्रक्रियाओं में से गुजरने के बाद ही उसकी योग्यता या अयोग्यता का निर्णय लेना चाहिए। जो योग्य हैं, केवल उन्हें ही महत्त्वपूर्ण कार्य सौंपे जाने चाहिए। जो अयोग्य हैं, उन्हें केवल बनाए रखने के लिए कम महत्त्वपूर्ण कार्य सौंपे जाने चाहिए।

□

मंत्रणा कक्ष/सम्मेलन कक्ष कैसा होना चाहिए

तदुद्रेशः संवृतः कथानामनिःस्त्रावि पक्षिभिर-प्यनालोक्यः
स्यात्। श्रुयते हि शुकशारिकाभिर्मंत्रो भिन्नः श्वभिरन्यैश्च
तिर्यग्योनिभिः तस्मान्मन्त्रो-देशमनायुक्तो नोपगच्छेत्।
उच्छिघेत् मन्त्रभेदी॥

मंत्रणा कक्ष चारों ओर से इस तरह बंद होना चाहिए कि उसमें एक परिंदा भी प्रवेश न कर पाए और जरा सी भी आवाज बाहर न सुनाई दे पाए। प्राचीन-काल में हमें ऐसा भी सुनने मिला है कि मंत्रणा कक्ष में हुई बातों को पशु-पक्षियों द्वारा भी उजागर किया गया, इसलिए मंत्रणा स्थल पर राजा की अनुमति के बिना किसी को भी प्रवेश नहीं मिलना चाहिए। अगर कोई व्यक्ति गुप्त मंत्रणा को उजागर करता है तो उसका वध करना चाहिए।

आचार्य चाणक्य मंत्रणा (मीटिंग) के संबंध में सख्त गोपनीयता के पक्षधर थे। उनके अनुसार, मंत्रणा कक्ष चारों ओर से बंद होना चाहिए, जिससे कि वहाँ परिंदे भी प्रवेश न कर पाएँ। इतना ही नहीं, कक्ष की आंतरिक व्यवस्था ऐसी होनी चाहिए कि जिससे वहाँ बोला गया एक शब्द भी बाहर सुनाई न दे। संक्षेप में कहें, तो सारी व्यवस्था काफी चुस्त होनी चाहिए, क्योंकि प्राचीन काल में हमें ऐसा भी सुनने को मिला है कि मंत्रणा कक्ष में हुई बातों को पशु-पक्षियों द्वारा शत्रु के सामने उजागर किया गया था। इसलिए मंत्रणा कक्ष के समीप किसी भी व्यक्ति या पशु-पक्षी का प्रवेश निषेध होना चाहिए। मंत्रणा कक्ष पूर्ण रूप से दीवारों से

ढका होना चाहिए, ताकि कोई भी बाहर का व्यक्ति अंदर चल रही गतिविधियों को देख न पाए, क्योंकि कई बार ऐसा भी होता है कि मनुष्य के हावभाव को देखकर ही उसके मन में चल रही बातों का अनुमान लगाया जा सके।

आपका कॉन्फ्रेंस हॉल ऐसा होना चाहिए कि जहाँ से आपकी अनुमति के बिना एक शब्द भी बाहर न जा पाए। हॉल के बाहर चल रही हवा को भी यह संदेह नहीं होना चाहिए कि अंदर क्या चल रहा है। उपरांत, गुप्त रहस्यों को उजागर करनेवाले व्यक्ति को कड़ी-से-कड़ी सजा मिलनी चाहिए, ताकि बाकी के कर्मचारी ऐसी गलती न दोहराएँ।

□

मंत्रणा के वक्त रखने लायक सावधानियाँ

आकारैरिंगितैर्गत्या चेष्टया भाषितेन वा।
नेत्रवक्त्रविकारैश्च लक्ष्यतेऽन्तर्गतं मनः ॥

चतुर व्यक्ति को दूसरों के चेहरे के हावभाव, उनके शरीर के अंगों की गतिविधियों, उनके भाषणों और उनकी आँखों और चेहरे के बदलाव को देखकर उनकी भविष्य की योजनाओं और गुप्त दृष्टिकोण का अनुमान हो जाता है।

आचार्य चाणक्य कहते हैं कि चतुर व्यक्ति को दूसरों के चेहरे के हावभाव, उनके शरीर के अंगों की गतिविधियों, उनके भाषणों और उनकी आँखों और चेहरे के बदलाव को देखकर उनकी भविष्य की योजनाओं और गुप्त दृष्टिकोण का अनुमान हो जाता है। इससे बचने के लिए राजा को सबसे पहले तो अपना मंत्रणा कक्ष ही ऐसा बनाना चाहिए कि जिससे किसी भी बाहरी व्यक्ति की नजर वहाँ न पहुँच पाए। वह बिना खिड़की या छेदरहित होना चाहिए। यदि उसमें खिड़कियाँ हों तो वे पूर्णतः काँच और परदों से सुरक्षित होनी चाहिए, जिससे बाहर आवाज न जा सके और परदों के कारण किसी बाहरी व्यक्ति की नजर अंदर न प्रवेश कर सके। इतनी व्यवस्था के बावजूद मंत्रणा में जुड़े सभी व्यक्तियों का अपनी-अपनी इंद्रियों पर काबू होना अपेक्षित है। अनिवार्य परिस्थितियों में, जब मंत्रणा कक्ष के बाहर या कहीं खुले में गुप्त वार्त्तालाप करने की नौबत आए, तब इन सारी बातों को याद रखना सिर्फ जरूरी ही नहीं, बल्कि अनिवार्य भी है।

सिर्फ आप ही चालाक नहीं हैं¨ हर वह व्यक्ति, जिसे आप मूर्ख समझने की गलती कर रहे हो, चालाक हो सकता है। किसी को नजरअंदाज न करें। सभी से सावधान रहें। केवल भाषा की गोपनीयता ही नहीं, बल्कि व्यवहार की गोपनीयता भी समझें। यहाँ तक कि चेहरे के हावभाव और भाषा में उतार-चढ़ाव भी आपकी गोपनीयता का उल्लंघन कर सकते हैं। कई व्यक्ति आपकी कल्पना से परे बुद्धिशाली होते हैं। उनसे जीतने के लिए आपके पास उनकी कल्पना से परे सावधानी होनी चाहिए।

□

हिसाब साफ रखें

तस्मादस्य यो यस्मिन्नधिकरणे शासनस्थः स तस्य कर्मणो याथातथ्यमायव्ययौ च व्याससमासाभ्यामाचक्षीत ।।

वह अधिकारी, जिसे जिस कार्य के लिए नियुक्त किया गया हो, उसको उसे सौंपे जानेवाले कार्यों, उन कार्यों में आए विघ्नों और उस विघ्नों को दूर करने के लिए हुए संपूर्ण खर्च का पूरा विवरण राजा को देना चाहिए।

आचार्य सलाह देते हैं कि वह अधिकारी, जिसे जिस कार्य के लिए नियुक्त किया गया हो, उसको उसे राजा या राजतंत्र द्वारा सौंपे जानेवाले कार्यों, उन कार्यों में आए विघ्नों, अर्थात् आकस्मिक खर्च और उस विघ्नों को दूर करने के लिए हुए संपूर्ण खर्च का पूरा विवरण राजा को देना चाहिए।

संक्षेप में कहें, तो अधिकारी को उसे प्राप्त बजट और उसके द्वारा किए गए खर्चों का वार्षिक विवरण राजा के सामने प्रस्तुत करना चाहिए।

हिसाब में कभी कोई गड़बड़ नहीं होनी चाहिए। हर एक पैसे का हिसाब माँगना चाहिए। हिसाब कौड़ी का, बख्शीश लाख की। साफ हिसाब सफल संचालन की पहली शर्त है।

□

कर्मचारियों के चयन में कभी भी गलती न करें

दुष्टा भार्या शठो मित्रं भृत्यश्चोत्तरदायकः ॥
ससर्पे च गृहे वासो मृत्युरेव न संशयः ॥

दुष्ट पत्नी, एक धोखेबाज दोस्त, एक अवज्ञाकारी नौकर, जो आपके खिलाफ बोलता है और घर में एक साँप—ये चार चीजें मौत के समान हैं।

पति और पत्नी संसाररूपी रथ के दो पहिए समान हैं। अगर वह ठीक से नहीं चलेंगे तो संसार में हर कदम पर विघ्नों का सामना करना पड़ेगा। एक दुष्ट पत्नी अपने पति के लिए अभिशाप है। वह एक सज्जन के जीवन को नरक बना देती है। दुष्ट पत्नी द्वारा घर में सुख और शांति का विनाश होता है और शांति के बिना घर का समाज में कोई स्थान नहीं है।

ऐसा कहा जाता है कि सच्चा दोस्त पानेवाला व्यक्ति भाग्यशाली होता है। सच्चा दोस्त मिलना बहुत मुश्किल है। कौन सुख में भागीदार बनने को तैयार नहीं होता? मन से या कर्म से, सुख में तो हर कोई साथ देता है, लेकिन सच्चा दोस्त वह है, जो व्यक्ति को मुसीबत के सागर में फँसा हुआ देखकर भी उसका साथ दे। अवसरवादी मित्र तो हवा के रुख को देख बदल जाते हैं और उगते हुए सूरज की पूजा करने लगते हैं। नौकर या सेवक को आज्ञाकारी और विश्वास योग्य होना चाहिए। अगर वह मालिक के कहे में न हो तो घर या संस्था के बाकी सदस्य भी मालिक को इज्जत नहीं देंगे। ढीठ नौकर मालिक की प्रतिष्ठा पर पानी

फेर देता है। अगर घर में साँप है तो वह किसी भी समय काट सकता है, इसलिए उसका जल्द-से-जल्द निस्तारण किया जाना चाहिए।

किसी भी संस्था का विकास उसके कर्मचारियों की निष्ठा और भक्ति पर निर्भर करता है। यदि नौकर आज्ञाकारी और वफादार नहीं है तो यह मालिक और संगठन दोनों के लिए लंबे समय में खतरनाक होगा। सेवक यदि सच्ची बात विवेकपूर्वक बोले तो ठीक, पर अगर सेवक होकर भी वह मालिक से जुबान लड़ाए, यह रखने (सेवा) योग्य नहीं है। इसलिए प्रत्येक व्यवसायी के पास न केवल व्यवसाय का निर्णय लेने की क्षमता होनी चाहिए, बल्कि व्यवसाय में शामिल लोगों को परखने की क्षमता भी होनी चाहिए। यदि ऐसा नहीं होता है, तो उसे इस बात का नुकसान उठाना होगा। आचार्य चाणक्य ने ढीठ सेवक की मृत्यु के साथ तुलना की है, क्योंकि वह धीरे-धीरे संस्था और मालिक दोनों की प्रसिद्धि को नष्ट कर देता है।

□

हमेशा चलते, फिरते और घूमते रहिए

श्रमन् सम्पूज्यते राजा श्रमन् सम्पूज्यते द्विजः ।
श्रमन् सम्पूज्यते योगी स्त्री श्रमन्ती विनश्यति ॥

लोगों के बीच भ्रमण करनेवाले राजा, ब्राह्मण और योगी की पूजा की जाती है, लेकिन भटकनेवाली स्त्री खूँखार हो जाती है।

राजा, जो अपने लोगों के बीच चलता है, वह अपने राज्य की वास्तविक स्थिति से अवगत होता है। वह जानता है कि उसका शासन और उसके अधिकारी कैसे हैं। वह अपने शासन का सही ढंग से मूल्यांकन करता है और प्रजा की भलाई की ओर कदम उठाता है और लोग उस राजा की पूजा करते हैं, जो उन्हें सुख और समृद्धि देता है।

जो ब्राह्मण और योगी देश-विदेश में यात्रा करते हैं, अन्य विद्वानों के साथ चर्चा करके ज्ञान का आदान-प्रदान करते हैं, ऐसे ब्राह्मणों और योगियों का देश और विदेश में सम्मान और पूजा की जाती है।

भटकते हुए राजा, ब्राह्मण और योगी विकास को प्राप्त करते हैं, जबकि भटकती हुई स्त्री का सबकुछ लुट जाता है। ऐसी महिलाएँ अपनी गरिमा और चरित्र को खो देती हैं।

दैनिक आधार पर संस्था में उपस्थित रहना और वहाँ छोटी-से-छोटी हरकतों पर नजर रखना आपकी सबसे बड़ी जिम्मेदारी है। खेत में कोई काम न होने पर भी किसान को गश्त लगाते रहना चाहिए; ताकि फसल कैसी है, उसमें कोई बीमारी तो नहीं, बाड़ में कहीं कोई जगह तो नहीं रह गई, दूसरों के मुकाबले हमारी फसल कैसी है, इत्यादि बातों से हमेशा अवगत रहना चाहिए। इस बात का हमेशा ध्यान रखें कि आपका आलस्य या लापरवाही या अंधविश्वास आपको बरबाद न कर दे।

□

आप अपने कर्मचारियों का आईना हैं

राज्ञि धर्मिणि धर्मिष्ठाः पापे पापः समे समाः।
राजानमनुवर्तन्ते यथा राजा तथा प्रजाः॥

यदि राजा धर्मात्मा है तो प्रजा धर्म का पालन करती है। यदि राजा पापी है तो प्रजा भी पाप करती है। अगर राजा में उत्साह की भावना है तो प्रजा भी उत्साही होती है, क्योंकि प्रजा हमेशा राजा की नकल करती है।

मध्य युग में राजा को अपनी प्रजा का आदर्श माना जाता था, इसलिए प्रजा राजा के नक्शेकदम पर चलना पसंद करती थी। आज भी लोग खुद को सत्ताधीशों के अनुकूल होने में ही समझदारी मानते हैं। लोकतंत्र में 'जैसा राजा, वैसी प्रजा' की धारणा प्रचलित है क्योंकि राजा को प्रजा के समर्थन से ही टिकना होता है।

आप अपने कर्मचारियों के लिए दर्पण की तरह हैं। वे लोग आपमें अपना प्रतिबिंब देखते हैं। यदि आप ठीक से काम करोगे तो वे लोग भी ठीक से काम करेंगे। यही आप बेपरवाह होंगे तो वे भी बेपरवाह बन जाएँगे। अगर आप खुद ही अपने कामों में गड़बड़ करेंगे तो वे लोग भी गड़बड़ करेंगे। इसलिए पूर्ण बनिए। जैसे ही आप पूर्णता की ओर बढ़ते हैं, बाकी सबकुछ स्वतः ही पूर्णता की ओर बढ़ जाएगा। आप अपने व्यापारिक संगठन के राजा हैं। आपके नीचे कार्य करनेवाले लोग आपका ही अनुसरण करेंगे।

□

योजना की गोपनीयता बरकरार रखें

तस्य संवरणम् आयुक्तपुरुषरक्षणमाकार्यकालादिति। तेषां हि प्रमादमदसुप्तप्रलापकामादिरुत्सेकः प्रच्छन्नोऽवमतो वा मन्त्रं भिनत्ति। तस्माद् रक्षेन्मन्त्रम्॥

बुद्धिमान् राजा को सुनियोजित योजनाओं को लागू करने का समय जब तक नहीं आ जाता, तब तक उन योजनाओं को (प्रयत्नपूर्वक) गुप्त रखना चाहिए। राजा को यह ध्यान रखना चाहिए कि कभी-कभी मंत्रियों की लापरवाही के कारण, नशे के कारण, अर्ध-चेतन अवस्था के कारण, सोते समय जोर से बोलने के कारण, संभोग के दौरान, अप्राप्य को प्राप्त करने के प्रयासों के दौरान, अहंकार या नशे के कारण गुप्त योजना को लागू होने से पहले ही उजागर किया जा सकता है और उजागर हुई योजनाएँ विफल रहती हैं, इसलिए राजा को हमेशा मंत्रणाओं की रक्षा करनी चाहिए।

आचार्य चाणक्य का कहना है कि एक राजा को अपनी गुप्त योजना को तब तक अपने मन में ही रखना चाहिए, जब तक कि सुनियोजित योजना को लागू नहीं किया जाता। उसे दूसरों के सामने इसका उल्लेख नहीं करना चाहिए। यदि वह व्यक्ति, जिसे राजा ने बोला है (मंत्री, आदि), खुद मामले की गंभीरता को नहीं समझते हैं या गलती से भी योजना को सार्वजनिक रूप से उजागर कर देते हैं तो योजना विफल हो सकती है। (जिन परिस्थितियों में रहस्य उजागर हो सकता है, वे भी आचार्य द्वारा उपरोक्त सूत्र में बताई गई हैं) इसलिए बुद्धिमान्

और विजयी राजा को अपनी गुप्त योजना को अंतिम क्षण तक अपने दिमाग में रखना चाहिए।

समय आने से पहले किसी भी योजना की घोषणा न करें, जिससे योजना विफल हो जाए। दुनिया की आँखें खुली हैं। लोग तुरंत जान जाएँगे, जब हमारा काम अंतिम चरण में होगा। दुनिया को बता देने की जल्दबाजी से बचें। संसार उन कार्यों को अच्छी तरह से पचा सकता है, जो संसार की जानकारी के बिना किए जाते हैं।

□

परिणाम आने तक प्रतीक्षा करें

तस्मात्तस्य परे विदुः कर्म किंचिच्चिकीर्षितम्।
आरब्धारस्तु विजानीयुरारब्धं कुत एव वा॥

जब तक कि काम खत्म नहीं हो जाता या परिणाम ज्ञात नहीं होता है, तब तक किसी और को राजा की गुप्त वार्त्ता, जैसे कि वह ऐसा क्या करने जा रहा है, इत्यादि के बारे में नहीं पता होना चाहिए। यहाँ तक कि काम शुरू करनेवाले लोगों को भी इसकी पूरी जानकारी नहीं होनी चाहिए। परिणाम के बाद ही सभी को वास्तविकता के बारे में पता चलना चाहिए।

चाणक्य ने कहा कि राजा को अपनी योजना को इस हद तक गुप्त रखना चाहिए कि योजना के तहत काम करनेवाले भी महसूस न कर सकें कि वह क्या कर रहे हैं? उनका उद्देश्य क्या है? ऐसा कब तक चलेगा? यह कब समाप्त होगा? उनके साथ और कौन जुड़ा है?

संक्षेप में कहें, तो कार्य-व्यवस्था ऐसी होनी चाहिए कि काम करनेवाला व्यक्ति केवल यह महसूस करे कि मुझे काम करना है; इतना ही नहीं, जिस व्यक्ति को काम सौंपा गया हो, उसके आसपास के व्यक्तियों को भी कार्य के बारे में कोई संदेह न होने पाए, ऐसी व्यवस्था होनी चाहिए। एक ही कार्य में शामिल एक से अधिक व्यक्तियों को सिर्फ अपने-अपने कार्यों के बारे में जानकारी होनी चाहिए, न कि पूरे कार्य के बारे में। सभी को उस काम के पूरा होने के बाद ही पता चलना चाहिए कि वास्तव में पूरी योजना क्या थी।

'जानकीनाथ को नहीं पता, सुबह क्या होनेवाला है?' उस दृष्टिकोण से, आपके कार्यों में कब कौन सा मोड़ आ जाए, कुछ नहीं कह सकते। एक हाथ दूर राजगद्दी को मंथरा की कानाफूसी वनवास में तब्दील कर सकती है, इसलिए अपने काम, अपने फैसलों, अपने निजी मामलों को अपने तक सीमित रखें। तब तक अपनी व्यक्तिगत योजनाओं को न उजागर करें, जब तक वह सफल न हो जाएँ। केवल इस तरह की गोपनीयता राजनीति और व्यवसाय में सफलता का आश्वासन दे सकती है। अगर योजनाएँ पहले से उजागर हो जाएँ, तो उसकी सफलता में कई अवरोध उत्पन्न होते हैं।

□

योजना के हिस्से

कर्मणामारम्भोपायः पुरुषद्रव्यसम्पद् देशकालविभागः
विनिपातप्रतीकारः कार्यसिद्धिरिति पञ्चांगो मन्त्रः।
तानैकैकशः पृच्छेत् समस्तांश्च। हेतुभिश्चैषां
मतिप्रविवेकान् विद्यात्। अवाप्तार्थः कालं नातिक्रामयेत्।
न दीर्घकालं मन्त्रयेत्। न च तेषां पक्ष्यैरेषामुपकुर्यात्॥

कार्य को शुरू करने का उपाय, कार्य करने में समर्थ लोग और कार्य से संबंधित होनेवाले खर्च पर विचार, कार्य करने का योग्य समय और योग्य स्थान, कार्य में आनेवाली संभावित बाधाओं का सामना—यह कार्यप्रणाली के पाँच लक्षण हैं। राजा द्वारा इन सब मामलों पर अपने मंत्रियों के साथ अलग-अलग या एक साथ बातचीत की जा सकती है। राजा द्वारा अंतिम निर्णय सभी की राय को गंभीरता से सुनने के बाद ही लिया जाना चाहिए। एक अच्छी तरह से सोच-समझकर लिया हुआ निर्णय तुरंत लागू किया जाना चाहिए। लिये हुए निर्णय को कार्य में तब्दील करने में अधिक समय बरबाद नहीं करना चाहिए। उपरांत, जिसको हमने कष्ट दिया हो या जिस पर उपकार किया हो, उसके या उसके सहयोगियों से विचारणा नहीं करनी चाहिए और न ही उनसे की हुई विचारणा पर विश्वास करना चाहिए।

कोई भी कार्य शुरू करने से पहले राजा को ऊपर बताए गए पाँचों लक्षणों के संदर्भ में विचार-विमर्श करना चाहिए। उन पाँच मामलों पर विचार करने के

बाद ही राजा को कोई अंतिम निर्णय लेना चाहिए। किसी भी योजना संबंधित मंत्रणाओं में राजा को ऐसे लोगों को शामिल नहीं करना चाहिए, जिसके ऊपर राजा ने उपकार या उनका कुछ अनिष्ट किया हुआ हो। अन्यथा वे भावनात्मक रूप से या बदला लेने की नीति से गलत सुझाव दे सकते हैं, इसलिए राजा को ऐसे लोगों को बातचीत से बाहर करना चाहिए या उनकी राय को गंभीरता से नहीं लेना चाहिए। योजना तय होने पर उसे जल्द लागू किया जाना चाहिए, ताकि कोई भी दुष्ट तत्त्व योजना में विघ्न न डाल पाए।

आप जो भी करें, योजना के तहत करें। बिना योजना के एक भी कदम न उठाएँ। जो आदमी बिना मंजिल तय किए चलने लगता है, वह कहीं नहीं पहुँचता। उसका समय और ऊर्जा बरबाद होती है'' यदि यात्रा उसका उद्‍देश्य न हो तो।

□

मंत्रणा के लिए अनिवार्य लोग

देशकालकार्यवशेन त्वेकेन सह द्वाभ्यामेको
वा यथासामर्थ्यं मन्त्रयेत्॥

देश और काल की परिस्थितियों के आधार पर एक या दो मंत्रियों के साथ भी बातचीत हो सकती है। अकेले राजा द्वारा भी कई निर्णय लिये जा सकते हैं।

मंत्रणाओं के बारे में अलग-अलग आचार्यों की अलग-अलग विचारधाराएँ हैं। आचार्य चाणक्य के अनुसार, एक या दो मंत्रियों के साथ भी बातचीत की जा सकती है। यदि विषय अत्यधिक गुप्त हो, तो उसे केवल अपने सबसे व्यक्तिगत और भरोसेमंद व्यक्ति के साथ ही चर्चा करनी चाहिए। कार्य की गंभीरता और आवश्यकता के आधार पर चर्चा में शामिल होनेवाले सदस्यों की संख्या निर्धारित की जा सकती है।

कुछ निर्णय ऐसे होते हैं, जो केवल राजा ही ले सकता है और सिर्फ राजा को ही लेने चाहिए। राजा जब तक खुद स्पष्ट हो और खुद निर्णय लेने में सक्षम हो, तब तक उसे खुद ही निर्णय लेना चाहिए। जब काम थोड़ा संदिग्ध हो, वह खुद दुविधा में हो, जिसमें अकेले निर्णय लेना खतरनाक साबित हो सकता हो, तब राजा को अपने प्रधानमंत्री से परामर्श करना चाहिए। अगर राजा और प्रधानमंत्री, दोनों से काम खत्म हो पाए तो और भी अच्छा··· लेकिन अगर न हो पाए तो बाकी मंत्रियों से भी परामर्श करना चाहिए। संक्षेप में कहें, तो चर्चा का

विषय, उसकी गंभीरता इत्यादि को समझकर ही एक राजा को चर्चा संबंधित निर्णय लेने चाहिए।

यह तय करें कि कौन से कार्य में कितने लोगों की जरूरत है जिसमें आप फँसे हुए हैं, यदि आप उस प्रश्न का उत्तर ढूँढ़ने में सक्षम हैं या आपके दिमाग में उसका समाधान है तो आप स्वयं ही उसका समाधान लाएँ। यदि आप खुद को अक्षम या भ्रमित पाते हैं तो सक्षम लोगों का लाभ उठाएँ, जो आपकी दुविधा को सुलझाने में आपकी मदद करने की क्षमता और योग्यता रखते हैं। बेशक, ऐसी चर्चा के लिए सलाहकारों की संख्या सीमित रहे, वह ही फायदेमंद है।

□

एक से भले दो और दो से भले चार

एकाकिना तपो द्वाभ्यां पठनं गायनं त्रिभिः।
चतृर्भिर्गमनं क्षेत्रं पञ्चभिर्बहुभी रणम्॥

तपस्या अकेले ही करनी चाहिए। अध्ययन के लिए दो, गाना गाने के लिए तीन, बाहर जाने के लिए चार और खेती करने के लिए पाँच, जबकि युद्ध के लिए कई लोगों की आवश्यकता होती है।

तपस्या खुद अकेले ही करनी होती है। यदि दो मित्र मिल-जुल कर साथ में पढ़ाई करते हैं तो वह दूध में शक्कर मिलने जैसा है और दोनों को सफलता मिलती है। उसी तरह, यदि तीन लोग एक साथ गाते हैं तो सुर खिल उठते हैं और अगर चार लोग एक साथ बाहर जाते हैं तो रास्ता सुरक्षित तरीके से आनंद के साथ कट जाता है।

खेत पर काम करने के लिए पाँच लोगों की जरूरत होती है, लेकिन युद्ध के लिए कई योद्धाओं और सैनिकों की आवश्यकता होती है। जितने ज्यादा सैनिक होंगे, सेना की ताकत उतनी ही ज्यादा होगी।

तपस्या अकेले की जा सकती है, लेकिन युद्ध जीतने के लिए आपको कई सैनिकों के समर्थन की आवश्यकता होती है। एक व्यवसाय की सफलता के लिए कर्मचारियों की एक सेना आवश्यक है। बेशक, वह सब चुने हुए और आपकी आज्ञा का पालन कर पाएँ, वैसे होने चाहिए।

□

कभी-कभी आम सहमति प्राप्त करें

आत्ययिके कार्ये मन्त्रिणो मन्त्रिपरिषदं चाहूय ब्रुयात्।
तत्र यदभुयिष्ठाः कार्यसिद्धिकरं वा ब्रुयुस्तत् कुर्यात् कुर्वतश्च॥

यदि आवश्यक हो तो राजा को संबंधित मंत्रियों या पूरे मंत्रिमंडल को बुलाकर विचार करना चाहिए। चर्चा के अंत में, कार्यसिद्धि की ओर अग्रसर करनेवाला निर्णय बहुमत से लिया जाए, उस तरीके से कार्य करने का प्रयत्न करना चाहिए।

इससे पहले आचार्य ने कहा था कि एक राजा केवल दो मंत्रियों के साथ भी चर्चा कर सकता है। इसी तरह यहाँ वे सलाह देते हैं कि अपरिहार्य परिस्थितियों में या विशेष अवसरों पर या आवश्यकता के समय में राजा को उस कार्य या विभाग या पूरे मंत्रिमंडल से संबंधित अधिकारियों की एक बैठक बुलानी चाहिए। अंत में जो भी निर्णय सर्वसम्मति से पारित हुआ हो, उसे मान्य रखकर सबको उसके मुताबिक कार्य करने की अनुमति देनी चाहिए और इस तरह कार्यसिद्धि की ओर अग्रसर होना चाहिए।

व्यक्तिगत मामलों पर व्यक्तिगत रूप से निर्णय लें; सामूहिक मामले सामूहिक रूप से। कुछ कार्य ऐसे होते हैं, जिनके साथ पूरा समूह यानी पूरी प्रणाली जुड़ी हुई होती है। एक शासक को ऐसे कार्यों के बारे में निर्णय समूह में ही लेना चाहिए।

□

कहाँ नहीं जाना चाहिए/ नहीं रहना चाहिए?

लोकयात्रा भयं लज्जा दाक्षिण्यं त्यागशीलता।
पञ्च यत्र न विद्यन्ते न कुर्यात् तत्र संस्थितिम्॥

जिस प्रदेश में आजीविका का कोई स्रोत न हो, जहाँ के लोगों में भय, शर्म, उदारता न हो, उस स्थान पर नहीं रहना चाहिए।

जिस देश, क्षेत्र या शहर में—

- आजीविका का कोई स्रोत न हो,
- लोगों में किसी भी प्रकार का भय न हो,
- पुरुष और स्त्रियों में मान-मर्यादा न हो,
- उदारता या परोपकार की भावना न हो,
- त्याग की भावना न हो, वहाँ रहना लाभदायी नहीं है।

जहाँ रोजी-रोटी भी न मिल पाए, वहाँ रहने का क्या फायदा! जिस प्रदेश में लोगों को राजा, सरकार या कानून का भय न हो, वहाँ सज्जन व्यक्ति का जीवन नरक समान होता है। जहाँ प्रजा में कोई भय नहीं होता, वहाँ 'जिसकी लाठी, उसकी भैंस' जैसा शासन चलता है।

स्वस्थ समाज के निर्माण के लिए प्रजा में मान-सम्मान की भावनाएँ होनी चाहिए। अगर पुरुष और स्त्रियों में मान-मर्यादा नहीं होगी तो निरंकुश समाज का

निर्माण होगा। वहाँ के लोग बेशर्म होंगे और वहाँ मनुष्यों और पशुओं में कोई अंतर नहीं होगा।

आपकी सफलता-विफलता आपके आसपास के वातावरण पर निर्भर करती है। सही-गलत विचारों, व्यक्ति, समाज और पर्यावरण का निरीक्षण करें। आपकी पूँजी और शक्ति दोनों ही अमूल्य हैं। इन दोनों को ऐसी जगह पर निवेश करें, जहाँ पर उनकी बढ़ोतरी हो। सभ्य क्षेत्र में रहना और जीना चाहिए।

□

व्यक्ति, स्थान और समय को पहचानें

गृहीत्वा दक्षिणां विप्रास्त्यजन्ति यजमानकम्।
प्राप्तविद्या गुरुं शिष्या दग्धारण्यं मृगास्तथा॥

दक्षिणा मिलते ही ब्राह्मण यजमान का घर छोड़ देता है। विद्या प्राप्त करने के बाद शिष्य गुरु से विदाई ले लेता है। आग लगते ही पशु-पक्षी जंगल का त्याग कर देते हैं।

अपना कार्य सिद्ध होने के बाद और जब जीवन को खतरे में महसूस करें, तब प्रत्येक प्राणी को अपना स्थान छोड़ देना चाहिए। उसी में उसका आत्मसम्मान कायम रहता है और वही उसके लिए फायदेमंद भी है। जब एक ब्राह्मण मेजबान के घर जाता है तो उसका गर्मजोशी से स्वागत किया जाता है। अंत में, मेजबान उसे दक्षिणा देता है। यह दक्षिणा ब्राह्मण के प्रस्थान का संकेत है। दक्षिणा लेने के बाद भी यदि वह यजमान के घर पर रहता है तो उसका सम्मान बरकरार नहीं रहता है। उसी तरह हर शिष्य विद्याभ्यास करने के लिए गुरु के पास जाता है। उसे अपनी शिक्षा पूरी करने के बाद गुरु से विदाई लेनी चाहिए, अन्यथा गुरु उसे त्याग देता है।

जब जंगल में आग लगती है, तब पशु-पक्षी जंगल का त्याग कर देते हैं। जब जीवन संकट में हो, तब अपना स्थान छोड़ देने में ही समझदारी है।

'घर की मुरगी दाल बराबर', यह मुहावरा तो आपने सुना ही होगा। थोड़े महँगे बनिए। आसानी से प्राप्य चीज का महत्त्व कम हो जाता है। थोड़े अजीब बनिए। समय को पहचानें। जहाँ आपको रहने की आवश्यकता है, वहाँ रहें, जब आपकी जरूरत न हो तो तुरंत बाहर निकल जाएँ; उदाहरण, यदि एक विक्रेता घर-घर संबंध बनाने लग जाए तो उसको उसका लक्ष्य कभी भी हासिल नहीं होगा। उसका काम एक घर में चीजों को बेचना और तुरंत दूसरे घर में प्रस्थान करना, तभी वह बेच सकेगा। अन्यथा, शाम तक पेट्रोल खर्च जितना व्यापार भी न हो पाएगा। उसी तरह, जहाँ पूँजी डूबने का खतरा हो, वहाँ निवेश न करें और जहाँ लूट का खतरा हो, वहाँ व्यापार न करें, और हाँ, जहाँ जीवन का खतरा हो, वहाँ सख्त वसूली न करें। यदि संभव हो तो ऐसे व्यक्तियों के साथ व्यवहार ही न करें। कोई भी लेनदेन वहाँ करें, जहाँ आप सुरक्षित हैं" उसी सर्कल में प्रवेश करें, जिस पर आपका नियंत्रण है।

□

योग्य व्यक्ति के साथ व्यवहार करें

दुराचारी दुरादृष्टिर्दुराऽऽवासी च दुर्जनः।
यन्मैत्री क्रियते पुम्भिर्नरः शीघ्रं विनश्यति॥

दुराचारी, बुरी दृष्टिवाले, दुष्ट, बिना किसी कारण के दूसरों को हानि पहुँचानेवाले और दुर्जनों से दोस्ती रखनेवाले श्रेष्ठ पुरुष की भी कीर्ति जल्दी नष्ट हो जाती है।

तुलसीदासजी कहते हैं कि—

दुर्जन संग न देहि विधाता।
इससे भलो नर्क का वासा॥

अर्थात् हे विधाता, मुझे दुष्टों की संगति से दूर रखो, बुरे मनुष्यों की संगति से तो नरक में निवास करना बेहतर है।

जिस व्यक्ति के साथ आप समय पसार करते हैं, उसके चरित्र का आपके चरित्र पर थोड़ा बहुत प्रभाव तो पड़ता ही है। दुष्टों की संगति नरक से भी बदतर है। दुर्जन दुष्ट होते हैं। वे अपने स्वार्थ के लिए दूसरों को चोट पहुँचाते हैं। उनके साथ रहने से समाज में व्यक्ति की प्रतिष्ठा कम हो जाती है, उसकी प्रतिष्ठा धूमिल हो जाती है और लंबे समय में वह व्यक्ति कहीं का नहीं रहता।

कहीं ऐसा न हो जाए कि पूरी जिंदगी मेहनत करके मिला पद, प्रतिष्ठा और धन सिर्फ एक ही विनिमय में खो जाए। ऐसे संगठन के साथ व्यापार करें, जिसकी बाजार में प्रतिष्ठा है, न कि किसी ऐसे संगठन के साथ जिसके कारण आपको पूरे बाजार के प्रति शत्रुता रखनी पड़े। एक ही गलत व्यवहार आपकी बरसों पुरानी प्रतिष्ठा पर पानी फेर सकता है। व्यक्ति का संबंध व्यक्तियों से होता है और संस्था का संबंध संस्थाओं से। यही कारण है कि" एक कलंकित व्यक्ति से दोस्ती न करें और एक बदनाम संगठन या संस्था के साथ व्यवहार न करें।

□

चयन किसका करें ?

एतदर्थं कुलीनानां नृपाः कुर्वन्ति संग्रहम्।
आदिमध्याऽवसानेषु न त्यजन्ति च ते नृपम्॥

राजा को केवल कुलवान व्यक्तियों को साथ रखना चाहिए, क्योंकि वे राजा की प्रगति और पतन दोनों समय में राजा का साथ नहीं छोड़ते।

खानदानी व्यक्ति जिनके साथ मित्रता करते हैं, वे अच्छे और बुरे दोनों समय में अपने दोस्त का साथ देते हैं। वह अच्छे समय में अपने दोस्त को सही सलाह देते हैं और आगे की प्रगति के बारे में उचित मार्गदर्शन करते हैं, वहीं संकट के समय में भाई की तरह अपने दोस्त के साथ खड़े होकर उसको पूर्ण सहयोग देते हैं।

यही कारण है कि राजा को कुलवान और खानदानी लोगों को अपने साथ रखना चाहिए। नेक आदमी कभी बुराई नहीं करते और अपने स्वामी के साथ धोखा नहीं करते। उनके संस्कार ही उन्हें विश्वासघात करने से रोकते हैं।

आपके कर्मचारी आपके संगठन के जीवनदाता हैं। इन्हें चुनने में सावधानी बरतें। उन कर्मचारियों को कभी न रखें, जो केवल वेतन में रुचि रखते हैं। उन कर्मचारियों की भरती करें, जिन्हें सबसे अच्छा काम करने का जुनून है। जिन्हें खुद को मिलनेवाले वेतन के सामने अधिक-से-अधिक मुआवजा देने का उत्साह हो। जो अच्छे और बुरे दोनों समय में मालिक के प्रति वफादार रहने की प्रतिबद्धता रखें। आधुनिक समय में व्यावसायिक कौशल को महत्त्व देना आवश्यक है, न कि परिवार या जाति को। □

लगातार कुछ नया करते रहें

अभ्यासाद्धार्यते विद्या कुलं शीलेन धार्यते।
गुणेन ज्ञायते त्वार्यः कोपो नेत्रेण गम्यते॥

निरंतर अभ्यास से विद्या, चरित्र से कुल और आँखों से मनुष्य के क्रोध का पता चलता है।

निरंतर अध्ययन से शिक्षा प्राप्त होती है। व्यक्ति के स्वभाव से यह ज्ञात होता है कि वह व्यक्ति उच्च जाति का है या निम्न जाति का। उच्च जाति के व्यक्ति के स्वभाव में मान-मर्यादा की झलक होती है, जबकि निम्न जाति के व्यक्ति में पाखंड, अशिष्टता आदि जैसे लक्षण होते हैं।

किसी व्यक्ति के अच्छे गुण उसकी श्रेष्ठता दिखाते हैं, जबकि उसकी आँखें उसका क्रोध दिखाती हैं। इनसान की आँख बहुत कुछ कहती है। आँखों की भाषा से मनुष्य के भावों को पढ़ा जा सकता है।

लगातार अभ्यास करें। हर दिन कुछ नया करें। समझ को कस लें। संचालन शक्ति को तेज करें। आपकी कार्यक्षमता में निश्चित वृद्धि होगी। क्योंकि दक्षता अभ्यास से आती है। इसके लिए किसी श्रेष्ठ कुल में पैदा होने की आवश्यकता नहीं है। गुणों को विकसित किया जा सकता है और हाँ˝ गुणवत्ता से समझौता न करें। यदि आप ग्राहकों का विश्वास खो देते हैं तो आपको बाजार से बाहर फेंक दिया जाएगा। निरंतर नवाचार के माध्यम से उत्कृष्टता बनाए रखें, उत्कृष्टता पर जोर दें। □

आप अकेले हैं और आपको खुद को ही सबकुछ करना है

जन्ममृत्यू हि यात्येको भुनक्त्येकः शुभाऽशुभम्।
नरकेषु पतत्येक एको याति परां गतिम्॥

मनुष्य दुनिया में अकेला पैदा होता है, अकेला मरता है, अकेले अच्छे और बुरे कर्म करता है, अकेले नरक में जाता है और अकेले मोक्ष को प्राप्त करता है।

मनुष्य जब जन्म लेता है, तब अकेला होता है, मृत्यु के समय भी वह अकेला ही होता है। उसी तरह, उसके अच्छे और बुरे कर्मों का फल उसे अकेले ही भुगतना होता है। चाहे वह नरक में जाए या मोक्ष की प्राप्ति करे, होता तो वह अकेला ही है। यहाँ कहने का तात्पर्य यह है कि मनुष्य में जो कुछ भी करने की शक्ति हो, अपने सोचे हुए कार्यों की शुरुआत उसे खुद ही करनी होती है।

क्या आपके पास व्यवसाय करने का कौशल है? आवश्यक पूँजी भी है? अगर है तो कोई साथी न ढूँढ़े। छोटा सा ही सही, व्यवसाय, व्यवसाय है। आज से ही शुरुआत करें। कल यह एक विशाल बरगद के पेड़ में विकसित हो जाएगा। यदि आप साझेदारी की प्रतीक्षा करते रहेंगे तो पूँजी खर्च हो जाएगी और कौशल में कटौती हो जाएगी। इसलिए इस साहसिक कार्य की शुरुआत अभी से कर दें।

□

कोई भी कदम उठाने से पहले सोचें

अनुलोमेन बलिनं प्रतिलोमेन दुर्जनम्।
आत्मतुल्यबलं शत्रुं विनयेन बलेन वा॥

बलवान शत्रु को अनुकूल व्यवहार करके, दुष्ट शत्रु को प्रतिकूल व्यवहार करके और समान शक्तिशाली शत्रु को विनम्रता या शक्ति से वश में किया जाना चाहिए।

यदि दुश्मन खुद से अधिक शक्तिशाली है तो उसके अनुसार व्यवहार करना बेहतर है, अन्यथा घातक परिणाम भुगतने के लिए तैयार रहना चाहिए। शक्तिशाली शत्रु से उसके अनुसार व्यवहार करने से वह वश में हो जाता है।

जो दुष्ट शत्रु होते हैं, उनसे बिना हार-जीत का सोचे मुकाबला करना चाहिए, क्योंकि उसे कितना भी समझाया जाए, वह नहीं मानेगा। प्रतिरोध के माध्यम से ही बुराई को मिटाया जा सकता है। उसी तरह, अगर शत्रु समान ताकतवर हो तो उसे विनम्रता के साथ वश में किया जाना चाहिए, क्योंकि समान रूप से शक्तिशाली व्यक्तियों के बीच लड़ाई से किसी को भी लाभ नहीं होता है। अगर वह न माने तो निर्णय युद्ध के मैदान में किया जाना चाहिए।

आपका क्षेत्र बहुत बड़ा है, इसमें प्रतियोगियों का होना आम बात है। इसलिए कोई लापरवाह कदम न उठाएँ। समय को पहचानकर चलिए। जो व्यक्ति समय अनुसार व्यवहार करता है, उसका पीछे हटना भी एक दीर्घकालीन जीत का हिस्सा होता है। रुको, सोचो। झुकने का समय है तो झुकना चाहिए। लड़ने का समय है तो लड़ो। अलिप्त रहने का समय है तो अलिप्त रहो। बस समय को पहचानें, समय आपकी उपलब्धि का निर्माता है।

□

ज्यादा सरल न बनें

नात्यन्तं सरलैर्भाव्यं गत्वा पश्य वनस्थलीम्।
छिद्यन्ते सरलास्तत्र कुब्जास्तिष्ठन्ति पादपाः॥

जंगल में सीधे पेड़ काट दिए जाते हैं, जबकि टेढ़े पेड़ों को नहीं छुआ जाता। उसी तरह किसी भी इनसान का व्यक्तित्व बेहद सरल और आसान नहीं होना चाहिए।

जंगल में सीधे पेड़ों को जल्दी काटा जाता है, जबकि रूप में टेढ़े-मेढ़े पेड़ों को कोई नहीं छूता। सीधे पेड़ अधिक उपयोगी और काटने में आसान होते हैं, जबकि टेढ़े पेड़ विशेष रूप से उपयोगी नहीं होते और उन्हें काटने के लिए बहुत मेहनत करनी पड़ती है।

व्यक्ति को हमेशा अपने स्वभाव को एक सीधे पेड़ की तरह नहीं रखना चाहिए। सीधे और सरल मनुष्य का सभी लाभ उठाते हैं; इतना ही नहीं, उसे अन्याय सहना पड़ता है। समय आने पर अपना हक और न्याय पाने के लिए व्यक्ति को अपनी आवाज बुलंद करना सीखना चाहिए।

एक सफल संचालक वह होता है, जो व्यावसायिक समस्याओं को हल करना जानता है। व्यवसाय में कुशल व्यापारी के लिए यह जानना बहुत महत्त्वपूर्ण है कि धोखा कहाँ और कैसे खाया जा सकता है; इतना ही नहीं, उसे इस बात का ज्ञान भी होना चाहिए कि किसके साथ कितना व्यवहार करना चाहिए। सरलता धोखे का प्रवेश द्वार है। कभी-कभी टेढ़ा बनना भी आना चाहिए। थोड़ा सख्त बनें, थोड़ा अजीब बनें। फिर देखिए, कितना मजा आता है। और हाँ, यह सब आत्मरक्षा के लिए करें, दूसरों के नुकसान के लिए नहीं।

□

प्रतिष्ठा बनाए रखें

शुद्धं भूमिगतं तोयं शुद्धा नारी पतिव्रता।
शुचिः क्षेमकरो राजा सन्तोषी ब्राह्मणः शुचिः॥

जमीन से निकलनेवाला पानी, पतिव्रता स्त्री, राजा जो प्रजा की देखभाल करता है और संतोषी ब्राह्मण शुद्ध होते हैं।

भूजल और पतिव्रता स्त्री को शुद्ध माना गया है। जमीन से निकलता पानी प्राकृतिक निस्पंदन के माध्यम से आता है। पतिव्रता स्त्री अच्छे स्वभाववाली, गुणवान और त्याग की भावनावाली मानी जाती है। वह धर्म में विश्वास रखनेवाली और सदाचारी होती है। हमारी संस्कृति में पतिव्रता सती स्त्रियों को देवी माना जाता है। राजा का धर्म प्रजा का कल्याण करना होता है। राजा, जो ईमानदारी से अपना काम करता है, वह पवित्र है। ऐसा व्यक्ति, जिसका आचरण शुद्ध है, उसे पवित्र या शुद्ध माना जाता है। संतोषी ब्राह्मण मन से शुद्ध होता है। उसे किसी भी चीज का मोह नहीं होता। ब्राह्मण विद्वत्ता का प्रतिनिधि होता है। जब विद्वान् पैसों के पीछे दौड़ने लगता है, तब उसकी विद्या का अपमान होता है।

संस्था में हुआ उत्पादन, ईमानदार कर्मचारी, मालिक, जो कर्मचारियों का शोषण नहीं करता है और उत्पादक जो चीज में मिलावट से बचता है, वह सम्मान का हकदार है। भले ही आप मालिक हों, बाजार में आपकी प्रतिष्ठा आपके उत्पाद के कारण ही है। अपने उत्पाद से प्रेम करो। कर्मचारियों की निष्ठा किसी भी व्यवसाय की

जीवन-रेखा है। समर्पित कर्मचारियों को प्रोत्साहित करें। कर्मचारियों के शोषण से कर्मचारियों में असंतोष फैल जाएगा, जिसका उत्पादन पर दुष्प्रभाव पड़ेगा, जिसके परिणामस्वरूप लंबे समय में बड़ा नुकसान होगा और हाँ, अपनी चीजों के साथ कमजोर रवैया कभी न अपनाएँ। आपकी चीजें इतनी विश्वसनीय होनी चाहिए कि लोग उस पर पहली उँगली रखें। अर्थात् आप तभी सफल होते हैं, जब लोग सोचते हों कि 'आपकी चीज आपकी चीज है'। अगर ऐसी कोई उपलब्धि है, तो आपकी प्रगति में कभी कोई बाधा नहीं आएगी।

□

धीमी, लेकिन स्थिर गति से आगे बढ़ें

जलबिन्दुनिपातेन क्रमशः पूर्यते घटः।
स हेतुः सर्वविद्यानां धर्मस्य च धनस्य च॥

एक के बाद एक बूँद पूरे घड़े को भर देती है; उसी तरह धीरे-धीरे धन, विद्या और उत्कृष्ट कर्मों को करने से एक दिन एक समृद्ध खजाना बन जाता है।

यहाँ आचार्य ने कहा है कि जैसे बूँद-बूँद से घड़ा भर जाता है, वैसे ही धीरे-धीरे आपके द्वारा किए गए अच्छे कर्म, आपके द्वारा अर्जित की गई संपत्ति और आपके द्वारा अर्जित की गई विद्या से...भविष्य में आपके लिए एक समृद्ध खजाना बन जाएगा। जो आपके जीवन को वह सब उपलब्ध कराने में सक्षम होगा, जिसकी आपको जरूरत होगी, जिससे आप एक पूर्ण जीवन की संतुष्टि का आनंद ले सकें।

व्यापार भले ही छोटा हो। यदि आप पूरी समझ और विश्वास के साथ कड़ी मेहनत करते हैं, तो वह निश्चित रूप से विकसित होगा। सभी को शुरुआत तो शून्य से ही करनी पड़ती है। इसी में मजा है। शून्य से शुरुआत करके सौ तक जानेवाले को कोई भी नहीं हरा सकता। कदम बढ़ाने में ही मजा है। सीधे मत कूदो। इसमें गिरने की शत प्रतिशत संभावना है। एक-एक करके लक्ष्य हासिल करते जाओ। उपलब्धि आपका ही इंतजार कर रही है।

□

कड़ी मेहनत करें

सुखार्थी वा त्यजेद्विद्यां विद्यार्थी वा त्यजेत् सुखम्।
सुखार्थिनः कुतो विद्या विद्यार्थिनः कुतः सुखम्॥

यदि आप मजे करना चाहते हैं तो अपनी पढ़ाई छोड़ दें और यदि आप शिक्षा प्राप्त करना चाहते हैं तो आपको विलासिता छोड़नी होगी, क्योंकि जो मजे करना चाहते हैं, उन्हें कभी शिक्षा नहीं मिलती और जो शिक्षा प्राप्त करना चाहते हैं, उन्हें कभी आराम नहीं मिलता।

शिक्षा प्राप्त करने के लिए कड़ी मेहनत करनी पड़ती है और कड़ी मेहनत करनेवाले के लिए आराम कैसा? जो सुख की इच्छा रखता है, उसे ज्ञान प्राप्त करने की इच्छा छोड़ देनी चाहिए। जो लोग सुख-चैन और आराम से रहते हैं, उन्हें शिक्षा नहीं मिलती है। विद्या प्राप्त करने के लिए पुरुषार्थ करना पड़ता है, इसलिए जो व्यक्ति सरस्वती का उपासक बनना चाहता है, उसे सुख और आराम त्याग देने चाहिए। विद्या उसी को मिलती है, जो कड़ी मेहनत करता हो।

यदि आप बस आराम करना चाहते हैं तो बिजनेस छोड़ दें और यदि आप बिजनेस करना चाहते हैं तो आराम को छोड़ दें; क्योंकि जो आराम कर रहा होता है, उसे कभी भी व्यवसाय में सफलता नहीं मिलती और जो व्यवसाय कर रहा हो, उसे कभी आराम नहीं मिलता। आराम-सफलता एक ही सिक्के के दो पहलू की तरह हैं। दोनों पक्षों

को एक साथ नहीं देखा जा सकता। एक तरफ से देखोगे तो दूसरा पक्ष स्वचालित रूप से अदृश्य हो जाएगा। तय करें कि आप किस पक्ष को जीतना चाहते हैं। हाँ, आप सफलता के चरम पर पहुँचने के बाद सिक्के के दोनों पक्षों से खेल सकते हैं। परम शांति के उस क्षण तक पहुँचने के लिए आपको कई अशांतियों का सामना करना पड़ता है। 'आराम हराम है' का आदर्श वाक्य याद रखें।

□

कार्य करने की पद्धति

धर्मे तत्परता मुखे मधुरता दाने समुत्साहता
मित्रेऽवञ्चकता गुरौ विनयता चित्तेऽतिगम्भीरता।
आचारे शुचिता गुणे रसिकता शास्त्रेषु विज्ञानता
रूपे सुन्दरता शिवे भजनता सत्स्वेव सन्दृश्यते॥

यहाँ आचार्य ने एक सज्जन पुरुष की विशेषताओं का वर्णन किया है। यदि आचार्य ने एक उत्कृष्ट प्रशासक की विशेषताओं का उल्लेख किया होता तो वह कुछ नीचे दिए गए विवरण की तरह होता।

निरंतर धर्म में लिप्त रहना, मुँह से मीठे वचन बोलना, हमेशा भिक्षा देने के लिए तत्पर रहना, मित्र के साथ भेदभाव न रखना, गुरु के प्रति विनम्र होने और हृदय में गंभीरता के भाव होना, अपने आचरण से पवित्र होना, श्रेष्ठ गुणों को धारण करने की वृत्ति होना, भगवान् के प्रति भक्ति और विश्वास जैसे गुण केवल एक सज्जन व्यक्ति में पाए जाते हैं।

निरंतर काम में लिप्त रहें, आदेश देने में मिठास हो, हमेशा निवेश करने के लिए उत्सुक रहें, कर्मचारियों के बीच भेदभाव न करें, हमेशा वरिष्ठों का सम्मान करें, उत्पाद हमेशा उत्कृष्ट गुणवत्ता का करें, हमेशा सर्वश्रेष्ठ कर्मचारियों का स्वागत करें, समय-समय पर उनकी सराहना करें, कुछ-न-कुछ नया शोध करें, चेहरे पर हमेशा कोमल मुसकराहट हो और संस्था के प्रति सम्मान—ये सब उत्कृष्ट संचालक की विशेषताएँ हैं। □

अपने लक्ष्य का मूल्यांकन अपने तरीके से करें

एक एवं पदार्थस्तु त्रिधा भवति वीक्षितः।
कुणपः कामिनी मांसं योगिभिः कामिभिः श्वभिः॥

एक ही चीज को तीन अलग-अलग तरह के व्यक्तियों द्वारा अलग-अलग तरीकों से देखा जाता है। एक सुंदर स्त्री का उदाहरण लें। योगी पुरुष उसे एक अपवित्र शव के रूप में देखता है, कामी पुरुष उसे एक सुंदर स्त्री के रूप में देखता है और कुत्ते उसे मांस के टुकड़े के रूप में देखते हैं।

किसी व्यक्ति या चीज को देखने का हर व्यक्ति का नजरिया अलग-अलग होता है। यदि हम एक स्त्री का उदाहरण लें, तो वह एक योगी पुरुष के लिए एक लाश की तरह है, जबकि एक कामुक पुरुष के लिए वह भोग-विलास का एक साधन है और कुत्ता केवल उसका मांस खाने में रुचि रखता है।

प्रत्येक व्यक्ति का जीवन अलग-अलग होता है। आपको अपनी दुनिया में रहना है। आप अपने जीवन के निर्माता हैं। सुनो सबकी, करो अपने मन की, क्योंकि आप स्पष्ट हैं कि आप क्या कर रहे हैं। आपका अपना सटीक गणित है; आपके खुद के कुछ तरीके हैं, जो दुनिया से कभी मेल नहीं खाएँगे। इसका मतलब यह नहीं है कि आप गलत हैं। इसका मतलब आप अनोखे हैं। दुनिया केवल अनोखों पर ध्यान देती है। आप अपना मार्ग खुद ही ढूँढ़ें और आप सही मार्ग पर हैं, इस बात पर विश्वास रखें। □

एक मिनट के लिए सोचें, फिर कदम उठाएँ

मणिर्लुण्ठति पादाग्रे काचः शिरसि धार्यते।
क्रयविक्रयवेलायां काचः काचो मणिर्मणिः॥

कुछ विशेष स्थितियों में, पैरों में गहने और सिर पर काँच पहना जाता है। हालाँकि ऐसा करना गहनों के मूल्य को कम नहीं करता है। बिक्री या खरीद के समय काँच को काँच माना जाता है और रत्न को रत्न माना जाता है।

किसी अनुचित वस्तु या व्यक्ति को उच्च पद पर रखना या उसकी नियुक्ति करना उसके मूल्य में वृद्धि नहीं करता है, जब मूल्यांकन का समय आता है तो सही बात या व्यक्ति स्वचालित रूप से अलग दिखाई पड़ता है।

किसी व्यक्ति या चीज के प्रभाव में एकदम से न आएँ। ठहरो, थोड़ी देर में दूध-का-दूध और पानी-का-पानी हो जाएगा। इसके विपरीत, किसी व्यक्ति को आजमाने से पहले ही उसके बारे में नकारात्मक धारणा न बनाएँ। यह संभव है कि वह व्यक्ति वही हो, जिसने आपके व्यवसाय की खोज की हो। मणि सिर पर ही धारण की जाती है।

□

टाइम मैनेजमेंट

तत्र पूर्वे दिवसस्याष्टभागे रक्षाविधानमायव्ययौ च श्रृणुयात्।
द्वितीये पौरजानपदानां कार्याणि पश्येत्।
तृतीये स्नानभोजनं सेवेतः स्वाध्यायं च कुर्वीत।
चतुर्थे हिरण्यप्रतिग्रहमध्यक्षांश्च कुर्वीत।
पञ्चमे मन्त्रिपरिषदा पत्रसम्प्रेषणेन मन्त्रयेत;
चारगुह्यबोधनीयानि च बुद्ध्येत। षष्ठे स्वैरविहारं मन्त्रं वा सेवेत।
सप्तमे हस्त्यश्वरथायुधीयान् पश्येत्। अष्टमे सेनापतिसखो विक्रमं
चिन्तयेत्। प्रतिष्ठितेऽहनि सन्ध्यामुपासीत॥

एक राजा को दिन के आठ भागों में करनेवाले कार्यों को इस हिसाब से विभाजित करना चाहिए—(1) दिन के पहले भाग में रक्षा संबंधी कार्य करना और पिछले दिन के लेनदेन का निरीक्षण करना। (2) दिन के दूसरे भाग में ज़िले के निवासियों और निवासियों की गतिविधियों का निरीक्षण करना। (3) दिन के तीसरे भाग में स्नान-भोजन-स्वाध्याय करना। (4) दिन के चौथे भाग में दिन की आय का विवरण देखे। विभिन्न विभागों के अध्यक्षों के कार्यों की खुद जाँच करे। (5) दिन के पाँचवें भाग में मंत्रिपरिषद् के साथ चर्चा करना। पत्र-व्यवहार के कार्यों को निपटाने और गुप्तचरों से मुलाकात करके उनकी गतिविधियों का पता करना। (6) दिन के छठे भाग में स्वैच्छिक घूमना, नौका विहार और मनोरंजन करना। (7) दिन के सातवें भाग में हाथी, घोड़े, शस्त्रागार आदि का निरीक्षण

करना। (8) दिन के आठवें भाग में सेनापति के साथ युद्ध पर चर्चा करना और दिन के अंत में शाम की प्रार्थना करना।

आचार्य चाणक्य ने राजा की दिनचर्या और रात की चर्या के बारे में विस्तार से लिखा है जिसके अनुसार दिन के दौरान राजा की दैनिक दिनचर्या यानी राजा की समय-सारणी ऊपर दरशाई गई है। उन्होंने अपने अर्थशास्त्र में राजा की रात की समय-सारणी का भी विस्तार से उल्लेख किया है।

समय का आयोजन करें। आपका समय बहुत कीमती है। आपका हर पल आपकी सफलता के लिए ही व्यतीत होना चाहिए।

याद रखें—आपका आराम भी आपकी योजना का एक हिस्सा होना चाहिए।

□

निर्धारित समय में कार्य पूरा करें

सर्वमात्ययिकं कार्यं शृणुयान्नातिपातयेत्।
कृच्छ्रसाध्यमतिक्रान्तमसाध्यं वा विजायते॥

राजा को निर्धारित समय में पूर्ण न हुए कार्यों के बारे में जानना चाहिए और उन्हें जल्दी (प्राथमिकता के आधार पर) पूरा करने की व्यवस्था करनी चाहिए। इस मामले में कभी भी देरी, उपेक्षा या त्रुटि नहीं होनी चाहिए, क्योंकि जो काम समय पर पूरा नहीं होता है, वह असंभव या मुश्किल हो जाता है।

आचार्य कहते हैं कि राजा को पहले उन कामों पर ध्यान देना चाहिए, जो अधूरे हैं, जो आवंटित समय में पूरे नहीं हुए, क्योंकि ऐसे कामों में पहले ही बहुत समय, श्रम और पैसा खर्च किया गया होता है। यदि वे कार्य अपूर्ण रहेंगे तो व्यतीत किया गया समय, श्रम और धन बरबाद हो जाएगा और प्रजा या अन्य लोगों के दिमाग पर प्रतिकूल प्रभाव पड़ेगा। उनमें राजा की कार्यक्षमता और संचालन शक्ति के प्रति अविश्वास की भावना भी पैदा हो सकती है। यहाँ तक कि राजा की हँसी भी हो सकती है, इसलिए राजा को पहले उन कार्यों पर ध्यान देना चाहिए, जो अधूरे हैं।

एक और बात यह है कि जो कार्य समय पर पूरे नहीं होते हैं, वे कठिन और असंभव हो जाते हैं। सही समय पर शुरू किया गया काम सही समय पर पूरा होना चाहिए। यदि ऐसा नहीं होता है तो इसमें शामिल लोग धीरे-धीरे काम में रुचि खो देंगे। नतीजतन, काम में जो गति, जो शिष्टता, जो सटीकता आनी

चाहिए, वह नहीं आती और काम मुश्किल, जटिल और भ्रमित हो जाता है। इसलिए राजा या किसी भी प्रशासक को अपना पूर्ण और प्रत्यक्ष ध्यान केंद्रित करके शुरू किए गए किसी भी कार्य को पूरा करने के लिए एक गंभीर प्रयास करना चाहिए।

अधूरे कामों को जल्दी पूरा करें। पूर्ण कार्यों का पूरा लाभ उठाएँ। कार्यों को अधूरा छोड़ने में और पूरे हुए कार्यों का पूर्ण लाभ न उठाने में नुकसान ही है।

□

बिना हिलाए जल जाएगा

अनुत्थाने ध्रुवो नाशः प्राप्तस्यानागतस्य च।
प्राप्यते फलमुत्थानाल्लभते चार्थसम्पदम्॥

यदि राजा मेहनती नहीं है, तो उसे मिलनेवाले सभी फल नष्ट हो जाएँगे। केवल परिश्रमी राजा ही अपने परिश्रम से मीठा फल और सुख प्राप्त कर सकता है।

आचार्य कहते हैं कि राजा का धर्म प्रजा की रक्षा करना है। संरक्षण वही कर सकता है, जो अपने आपमें शक्तिशाली और सुरक्षित हो। शक्ति और सुरक्षा केवल उन लोगों को मिलती है, जो कड़ी मेहनत करते हैं। राजा, जो अपने सुख और समृद्धि में अपने लक्ष्य को भूल जाता है और प्रजा के हित को एक तरफ रखकर लापरवाही में डूब जाता है, उसका पतन निश्चित ही होता है। उसका वर्तमान धूल में मिल जाता है और साथ-ही-साथ उसका भविष्य भी अंधकारमय हो जाता है। परिश्रम केवल कुछ पाने के लिए ही आवश्यक नहीं है; बल्कि जो है, उसे सलामत रखने के लिए भी आवश्यक है। न केवल राजा, बल्कि हर कोई, जो अपने वर्तमान और भविष्य को उज्ज्वल रखना चाहता है, उसे गहन चेतना और कड़ी मेहनत करनी होगी। इसका कोई और विकल्प नहीं है।

आपके पास जो नहीं है, उसे पाने में; जो है, उससे सँभालने में और जो सँभला हुआ है, उसे बढ़ाने में दो ही चीजें महत्त्वपूर्ण हैं। एक आपका श्रम और दूसरी आपकी समझ। बिना समझ श्रम और श्रम के बिना समझ पाना बिना चूल्हे का तेल और बिना तेल का चूल्हा होने के समान है। दोनों ही आपको भूखा रखेंगे। संतुष्टि तभी मिलती है, जब दोनों में समन्वय होता है।

□

योजना बनाने के बाद उस पर आत्मचिंतन करें

ते हयस्य स्वपक्षं परपक्षं च चिन्तयेयुः।
अकृता-रम्भमारब्धानुष्ठानमनुष्ठितविशेषं नियोगसम्पदं च कर्मणा कुर्युः।
आसन्नैः सह कार्याणि पश्येत्। अनासन्नैः सह पत्रसम्प्रेषणेन मन्त्रयेत्।
इन्द्रस्य हि मन्त्रिपरिषदृषीणां सहस्रम्।
स तच्चक्षुः। तस्मादिमं द्वक्षं सहस्राक्षमाहुः॥

जिन लोगों को मंत्री के तौर पर नियुक्त किया गया हो, उन लोगों को (मंत्रियों को) अपने और शत्रुपक्ष के बल एवं मर्यादाओं पर चिंतन करना चाहिए। जिन कार्यों को आरंभ न किया गया हो, उन्हें आरंभ करवाना और जिन कार्यों का आरंभ हो चुका हो, उन्हें समय रहते पूर्ण करवाना चाहिए। जो कार्य पूर्ण हो चुके हैं, उनका विश्लेषण करके उसमें विशेषज्ञता हासिल करने की कोशिश करनी चाहिए। राजा को अपने करीबी मंत्रियों के साथ मौखिक रूप से और दूर के मंत्रियों के साथ पत्र-व्यवहार से परामर्श करना चाहिए। इंद्र के मंत्रिमंडल में एक हजार ऋषि शामिल थे, जिनको विभिन्न कार्यों की अध्यक्षता दी गई थी। उन्हें इंद्र की आँखों के समान समझा गया है। यही कारण है कि इंद्र को सहस्राक्ष (हजार आँखोंवाला) के रूप में जाना जाता है, भले ही उनकी दो आँखें थीं।

आचार्य चाणक्य कहते हैं कि इंद्र की परिषद् में एक हजार ऋषि थे, उन

सबको इंद्र के नेत्रों के समान माना गया है। [क्योंकि उनके माध्यम से इंद्र को पता चलता था कि राज्य भर में क्या चल रहा है। परिणामस्वरूप वह हजार स्थान, स्थिति या कार्य को अपनी दो आँखों से देख सकते थे। इसलिए उन्हें सहस्राक्ष (हजार आँखोंवाला) कहा जाता है।]

संक्षेप में कहें, तो राजा के पास सक्षम मंत्री होने चाहिए, जो उसकी आँखों के समान कार्य कर सकें। वह राजा को जो भी कार्य, जहाँ भी, जिस भी स्थिति में हो रहा होता है, उस काम की एक विशद तसवीर दे सकें, ताकि राजा को उसके स्थान पर बैठे हुए भी पूरे राज्य में क्या चल रहा है, उसका पता चल सके।

बड़े काम अकेले नहीं किए जा सकते। इसके लिए विश्वासु सहायकों का समर्थन आवश्यक माना जाता है। सफलता के लिए कुशल मंत्रियों और प्रबंधकों के साथ इसके सभी पहलुओं पर एक व्यवस्थित चर्चा की आवश्यकता होती है।

□

कछुए की तरह संकोचना सीखें

नास्य गुह्यं परे विदुश्छिद्रं विद्यात् परस्य च।
गूहेत् कूर्म इवाङ्गानि यत्स्याद् विवृतमात्मनः॥

राजा को दूसरों को अपनी गुप्त मंत्रणाओं के बारे में जानने की अनुमति नहीं देनी चाहिए। उसे शत्रु की गुप्त योजनाओं के बारे में पता लगाना चाहिए। (साथ ही) जिस तरह से कछुआ अपने अंगों को अपने अंदर छुपाता है, उसी तरह एक राजा को भी अपने व्यक्तिगत विषयों को अपने अंदर छुपाकर रखना चाहिए।

आचार्य चाणक्य कहते हैं कि राजा (स्वयं) को अपने दुश्मन के सभी रहस्यों को, गुप्त योजनाओं को गुप्तचरों के माध्यम से या किसी अन्य तरीके से जान लेने चाहिए; लेकिन खुद सावधान रहना चाहिए कि दुश्मन को उसके रहस्यों या गुप्त योजनाओं या गुप्त मंत्रणाओं के बारे में पता न चले। जिस तरह संकट की आहट के साथ ही कछुआ अपने आपको संकुचित कर खुद के अंदर समा लेता है, वैसे ही राजा को अपनी सारी योजनाएँ या रहस्य केवल अपने सामने प्रकट करने चाहिए। किसी भी संदिग्ध व्यक्ति या स्थिति को पाते ही, राजा को बहुत सावधानी से अपने रहस्यों को छिपाना चाहिए यानी उन्हें संरक्षित कर देना चाहिए।

संक्षेप में कहें, तो राजा को अपनी गुप्त मंत्रणाओं के साथ-साथ अपने निजी रहस्यों को भी अपने जीवन के समान सँभालकर रखना चाहिए और इस बात का ध्यान रखना चाहिए कि वह बिल्कुल भी उजागर न हों।

कब बाहर जाना है और कब घर पर रहना है, क्या खुलासा करना है और किस पर परदा डालना है—इतना सीखनेवालों की आधी समस्याएँ समाप्त हो जाती हैं" अपनी आँखों को इतना तेज रखें कि आप पूरी दुनिया को देख सकें। ऐसी जगह चुनें, जहाँ दुनिया की नजरें न पहुँचें। दूसरे पक्ष के रहस्यों को जानें और किसी को भी इस बात का अनुमान न लगाने दें कि आप किस बारे में बात कर रहे हैं, इतना करनेवालों की हमेशा जीत होती है।

□

अपने सामर्थ्य के अनुसार कार्य करो

आत्मबलानुकूल्येन वा निशाहर्भागान् प्रविभज्य कार्याणि सेवेत ॥

अपने सामर्थ्य के अनुसार दिन और रात को विभाजित करके कार्य करें।

आचार्य कहते हैं कि यदि एक राजा दिन और रात की समय-सारणी का पालन नहीं कर सकता है तो राजा को अपनी क्षमता और सुविधा के अनुसार दिन और रात को विभाजित करके अपना काम करना चाहिए।

संक्षेप में कहें, तो समय का आयोजन तो होना ही चाहिए। राजा प्रजा का पिता होता है। उसकी जिम्मेदारियाँ बहुत बड़ी होती हैं। उन विशाल जिम्मेदारियों को पूरा करने के लिए एक निश्चित औपचारिक और तर्कसंगत योजना होना आवश्यक है। वह योजना व्यक्तिगत मामलों से लेकर हर जिम्मेदारी से संबंधित होनी चाहिए; जिसमें वह कब क्या करेगा, कैसे करेगा, किसकी मदद लेगा, इसके अलावा हर पहलू पर विचार करना और उसकी योजना बनाना अनिवार्य हो जाता है, जो उसे और उसके शासन को प्रभावित करता है।

कुछ मामलों में परंपरा का पालन करें। कुछ मामलों में नई परंपरा और तरीके को प्रस्तुत करें। दुनिया में ऐसी कोई परंपरा नहीं है, जिस पर प्रयोग न किया जा सके। एकमात्र शर्त यह है कि आपके पास प्रयोग करने की क्षमता होनी चाहिए। यह निर्धारित करना कि हम अपने काम को बेहतर तरीके से कैसे कर सकते हैं, उसे योजना कहते हैं और उस योजना के माध्यम से प्रभावी परिणाम प्राप्त करने का मतलब है सफल संचालन। □

आसान रास्ता चुनो

नदीपथे च विज्ञाय व्यवहारं चरित्रतः।
यतो लाभस्ततो गच्छेदलाभं परिवर्जयेत्॥

नदी द्वारा अन्य देशों के साथ व्यापार करने के लिए एक बेहतर, सुरक्षित और कम खर्चीला मार्ग चुना जाना चाहिए। जिस मार्ग पर लाभ कम हों और कठिनाइयाँ अधिक हों, उस मार्ग को हमेशा के लिए छोड़ देना चाहिए।

जलमार्ग सबसे कठिन मार्ग होता है। इसमें कभी भी कोई भी समस्या आ सकती है। उदाहरण के तौर पर, भँवर, समुद्री डाकू या लुटेरों द्वारा उत्पीड़न या डकैती, रास्ता भूल जाना, एक ऐसी भूमि पर पहुँच जाना या उन लोगों तक पहुँचना, जिनके साथ कोई संचार संभव नहीं है। ऐसी सभी परिस्थितियों में बड़ी समस्याएँ पैदा होने की आशंका रहती है।

याद रखें, आपके लिए उस व्यक्ति, संगठन या क्षेत्र की सांस्कृतिक विरासत से परिचित होना, जो आपके साथ काम कर रहे हैं, न केवल वांछनीय है, बल्कि अनिवार्य भी है। तभी आप स्वस्थ समायोजन कर पाएँगे, अन्यथा अटक जाएँगे।

हम लाभ के लिए व्यापार करते हैं, हानि के लिए नहीं। इसलिए व्यवसाय का ऐसा स्थान चुनें, जहाँ हमारे लिए व्यवसाय करना आसान हो। यदि मार्ग सुरक्षित और कम खर्चीला है तो व्यापार सुरक्षित और अधिक लाभदायक होगा। हमें वह सब हिसाब करना होगा, जिससे

हम अपनी चीज को अपेक्षित मूल्य पर बेचकर अपेक्षित लाभ प्राप्त कर सकें। यदि यात्रा की लागत बढ़ती है तो मुनाफा कम होगा; ऐसी जगह पर व्यापार करना, जहाँ लोग और पर्यावरण हमारे और हमारे व्यवसाय के लिए अनुकूल हैं, प्रतिकूल प्रदेश में किया गया कोई भी लेनदेन हानिकारक है। चाणक्य साहस के प्रस्तावक हैं, लेकिन साहस परिकलित और परिणामलक्ष्यी होना चाहिए।

□

आत्मनिर्भर बनो

कष्टं च खलु मूर्खत्वं कष्टं च खलु यौवनम्।
कष्टात्कष्टतरं चैव परगेहनिवासनम्॥

मूर्खता दु:खदायक है, यौवन भी दु:खदायक है, लेकिन किसी और के घर रहना यानी कि किसी और के वश में रहना सबसे ज्यादा कष्टदायक है।

मूर्ख लोगों का समाज में कोई स्थान नहीं। कोई भी उसके साथ संबंध नहीं रखना चाहता। वह सही-गलत नहीं जानता है, इसलिए वह हमेशा गलत निर्णय लेता है और दु:खी होता है। जवानी भी थोड़े अलग तरीके से कष्टदायक है। जवानी एक गर्जन करते समुद्र की तरह है। यदि उसकी मोजें विवेकपूर्ण पाल नहीं पाता तो उसके पूरे जीवन को बरबाद कर देता है। यदि कोई युवा जवानी के जुनून में अहंकार से ग्रस्त हो जाता है तो वह एक अनुचित निर्णय ले लेता है। युवाओं के पास बहुत ताकत है, लेकिन उन्हें सही दिशा की आवश्यकता होती है। इन दोनों कठिनाइयों का समाधान उचित मार्गदर्शन की स्वीकृति है। अगर मूर्ख और युवा अहंकार भूल जाते हैं और सही सलाह को स्वीकार कर लेते हैं तो इस कष्ट से बचा जा सकता है। इन दोनों कष्टों से भी ज्यादा मुश्किल यह है कि किसी के सिर पर छत न हो। यह सबसे बड़ा दुर्भाग्य है।

परवशता का मतलब है—दूसरों के वश में रहना, दूसरों की कृपा पर रहना। कहा जाता है कि स्वतंत्रता सुख है और निर्भरता दु:ख है। आश्रित व्यक्ति अपनी स्वतंत्रता खो देता है और गुलामी जैसा कोई दूसरा कलंक नहीं है।

उधार पूँजी के साथ व्यापार न करें। यह सरासर मूर्खता है। उसी तरह किसी के भी इशारों पर न चलें। जो भी करें, अपने दम पर करें। समय रहते, बड़ा या छोटा अपना स्थान खुद ले लें। याद रखें—सफलता सीधे स्वतंत्रता से संबंधित है। क्या आप बाजार में बैठे हैं? हमेशा इस बात का खयाल रखें कि बाजार में पता चल गया कि आपके पास निवेश करने के लिए पूँजी नहीं है, तो पूरा बाजार आपसे मुँह फेर लेगा। यदि आपके पास कुछ बकाया है तो ही आपको गिना जाएगा। दूसरों से आस लगाना हमेशा निराशा में परिवर्तित होता है।

□

न बोलने में नौ गुण

उद्योगे नास्ति दारिद्र्यं जपतो नास्ति पातकम्।
मौने च कलहो नास्ति नास्ति जागरिते भयम्॥

जिस तरह पुरुषार्थ गरीबी को दूर करता है और जप पाप को दूर करता है, ठीक वैसे ही मौन संघर्ष को नष्ट करता है और निरंतर सतर्कता भय को नष्ट करती है।

पुरुषार्थ ही पारसमणि है। कड़ी मेहनत करने से ही सफलता प्राप्त होती है और दरिद्रता दूर होती है। भगवान् का नाम जपने से पापों का नाश होता है, मन और आत्मा की शुद्धि होती है, व्यक्ति को शुद्ध कर्म करने के लिए प्रेरणा मिलती है और वह बुरे कामों से दूर रहता है।

समय और परिस्थिति को समझकर मौन धारण करने से विवादों से बचा जा सकता है। मौन रहना मुश्किल है, लेकिन उसके परिणाम अच्छे है। जो लगातार सतर्क रहता है, उसे किसी भी तरह का कोई डर नहीं होता और अप्रिय स्थिति उत्पन्न होने से पहले ही उन्हें सँभाल लेता है।

किसी भी तरह के विवाद में न पड़ें। सिर्फ अपना काम करें। दूसरों का बुरा न करें, लेकिन खुद को हानि से बचाने के लिए अपनी आँखें हमेशा खुली रखें। मैनेजमेंट की इमारत कड़ी मेहनत की नींव पर टिकी हुई है। यदि आप चुप रहेंगे तो आप विवाद से बचेंगे। यदि आप सतर्क हैं तो आप दुश्मन से बचेंगे। अगर आप काम करते रहेंगे तो आप बेहतर होते जाएँगे। 'शुभ काम में देरी कैसी ?' आइए, इन सिद्धांतों पर अमल अभी से करें। □

पलायन के लिए हमेशा तैयार रहें

उपसर्गेऽन्यचक्रे च दुर्भिक्षे च भयावहे।
असाधुजनसम्पर्के यः पलायति स जीवति॥

भारी बारिश या सूखे, झगड़े या तूफान, महामारी, युद्ध और नीच लोगों की संगत से, जो व्यक्ति सबकुछ छोड़कर भाग जाता है और सबका त्याग करता है, वह मौत के कगार से बच जाता है।

कहते हैं कि 'जान बची तो लाखों पाए' जीवन होगा तो शून्य में से सर्जन होगा। इस श्लोक में आचार्य चाणक्य उस स्थान को छोड़ने की सलाह देते हैं, जहाँ जीवन खतरे में हो। बाढ़ या सूखे जैसी प्राकृतिक आपदाओं पर किसी का नियंत्रण नहीं है। अगर कोई व्यक्ति ऐसे हालात में भी अपने घर और प्रदेश के मोह को त्याग नहीं सकता तो वह अपनी जान नहीं बचा सकता।

युद्ध का अर्थ है—विनाश। उनके उन्माद में चारों ओर दुःख और विनाश पैदा होते हैं। ऐसे समय में बुद्धिमान् व्यक्ति को अपना जीवन बचाने के लिए सबकुछ छोड़कर सुरक्षित स्थान पर शरण लेनी चाहिए। भगवान् कृष्ण ने भी दुष्ट जरासंध से बचने के लिए पलायन करने में ही अपनी भलाई समझी थी। वे मथुरा छोड़कर द्वारका में बस गए थे।

उसी तरह बुरी संगत विनाश की जड़ है। कुसंग मनुष्य को अपने संस्कारों को भूल जाने पर मजबूर कर देता है। यह एक हलके जहर की तरह है और धीरे-धीरे जीवन समाप्त करता जाता है, इसलिए कुमित्र का साथ जल्दी छोड़ने में ही हित है।

कंपनी में आग लगे, हड़ताल हो जाए, कर्मचारी हिंसा पर उतर आएँ या कोई असामाजिक तत्त्व अचानक हल्ला कर दें, तब सबसे पहला काम किसी सुरक्षित स्थान पर पहुँचने का करें। अगर आप तुरंत इसका सामना करते हैं तो आप मारे जाओगे। रुको, सोचो, समय अनुकूल नहीं है तो बचो। जीवित पुरुष को भद्रा (शक्ति, जीत) मिलेगी।

□

आपदा से लड़ो

तावद् भयेषु भेतव्यं यावद् भयमनागतम्।
आगते तु भयं दृष्ट्वा प्रहर्तव्यमशंकया॥

जब तक संकट या विपदा दूर हो, तब तक बुद्धिमान् व्यक्ति को उससे डरना चाहिए, लेकिन जब मुश्किलें आती हैं तो हर किसी को अपनी क्षमता के अनुसार उनसे लड़ना चाहिए और उन्हें दूर करने का प्रयास करना चाहिए।

बुद्धिमान् व्यक्ति को संकटों और परेशानियों से डरना चाहिए और ऐसा उपाय खोजना चाहिए कि जब वह दूर हों तभी उन्हें नष्ट किया जाए, परंतु विपदा आने पर उससे घबराने से कोई फायदा नहीं होता। उन मुश्किल परिस्थितियों का सामना करना चाहिए। कायर विपत्ति की स्थिति में अपनी बाँहें बिछाकर हार स्वीकार करते हैं, जबकि महापुरुष विपत्तियों में से अपना रास्ता बनाते हैं।

मंदी या नुकसान के विचार मात्र से बेचैन होना कोई आश्चर्य की बात नहीं है, लेकिन अगर वास्तव में उसका सामना करना पड़े तो डरो मत। हमेशा डर से दूर रहें, क्योंकि डर आपकी विचारशक्ति को कमजोर कर देता है। सभी शक्तियों को इकट्ठा करो और संकट से लड़ो। सामान्य स्थितियों से तो सभी बाहर आते हैं। महामारी से जो बचता है, वह ही सच्चा योद्धा" व्यवसाय व्यवसाय है। उसमें उतार-चढ़ाव आते रहेंगे। चढ़ाव के नशे में अगर होश खो बैठोगे तो प्रतिष्ठा से हाथ धो बैठोगे। उतार से डर के अगर टूट जाओगे तो मिट्टी में मिल जाओगे। दोनों स्थितियों में सचेत रहें। दोनों स्थितियों को पचाने की क्षमता विकसित करें। □

भरे हुए में और भरना व्यर्थ है

वृथा वृष्टिः समुद्रेषु वृथा तृप्तेषु भोजनम्।
वृथा दानं धनाढ्येषु वृथा दीपो दिवाऽपि च॥

ये चार चीजें व्यर्थ हैं—समुद्र में बारिश, संतुष्ट आदमी को फिर से खिलाना, अमीरों को भिक्षा देना और दिन में दीपक जलाना।

सागर में पानी की अनंत आपूर्ति है। बारिश होने से सागर में कुछ फर्क नहीं पड़ेगा। यदि भोजन करके संतुष्ट हुए व्यक्ति को फिर से भोजन परोसा जाए, तो क्या वह फिर से भोजन करेगा?

कोई भी कार्य स्थान, व्यक्ति और समय को देखकर करना चाहिए। जिस तरह दिन में सूरज की रोशनी में दीपक जलाना बेकार है, उसी तरह अमीर व्यक्ति को दान करने से कोई लाभ नहीं है। दान हमेशा जरूरतमंदों को ही करना चाहिए।

व्यर्थ व्यवहार से बचें। याद रखें कि आपका हर एक व्यवहार उचित होना चाहिए। सही दिशा में पूँजी का निवेश किया जाना चाहिए। खर्च और कटौती के विशिष्ट कारण होने चाहिए। आप क्या कर रहे हैं, क्यों कर रहे हैं, इसकी पूरी जानकारी आपके पास होनी चाहिए। जहाँ तक व्यवसाय की बात है, आप जो भी करते हैं, उसे तर्क के साथ करें, बिना कारण के कुछ भी नहीं करना चाहिए।

□

अपने आप पर विश्वास रखें

नाऽस्ति मेघसमं तोयं नाऽस्ति चात्मसमं बलम्।
नाऽस्ति चक्षुःसमं तेजो नाऽस्ति धान्यसमं प्रियम्॥

वर्षा जल सबसे शुद्ध है, आत्मबल सबसे अच्छा बल है, आँखें सबसे अच्छी रोशनी हैं और भोजन सबसे अच्छा पदार्थ है।

मेघ जल अर्थात् बारिश का पानी सबसे शुद्ध होता है। किसी अन्य पानी में इतनी शुद्धता नहीं होती। सभी शक्तियों में से आत्मशक्ति या आत्मबल सबसे अच्छा है। किसी भी व्यक्ति की आकांक्षाएँ मजबूत मनोबल के बिना पूरी नहीं होती हैं। परमेश्वर उन लोगों का ही समर्थन करता है, जिनके पास मजबूत मनोबल है। उसी तरह आँखों की रोशनी बेहतरीन है। अगर आँख न हो तो प्रकाशमान संसार भी अंधकार के समान लगता है। सभी जानवरों की सबसे पसंदीदा चीज भोजन है।

दुनिया में किसी भी कार्य को करने के लिए आत्मविश्वास पहली शर्त है। जिस व्यक्ति को खुद पर विश्वास नहीं है, वह एक भी कदम नहीं उठा सकता। सिर्फ सिकंदर ही नहीं, आप भी दुनिया जीत सकते हैं। आपके और उसके बीच केवल एक अंतर है। आत्मविश्वास का। आत्मविश्वास अटूट होना चाहिए। अथक होना चाहिए। सबसे कठिन परिस्थितियों का सामना करने के लिए सदैव तैयार रहें।

□

जैसा करोगे, वैसा पाओगे

स्वयं कर्म करोत्यात्मा स्वयं तत्फलमश्नुते।
स्वयं भ्रमति संसारे स्वयं तस्माद्विमुच्यते॥

व्यक्ति स्वयं कर्म करता है और स्वयं अपने कर्मों का फल भोगता है। वह स्वयं विभिन्न योनियों में जन्म लेकर संसार में भ्रमण करता है और अपने पुरुषार्थ से संसार के बंधनों और जन्म-मरण के चक्र से मुक्त होकर मोक्ष प्राप्त करता है।

हर कोई किसी-न-किसी कर्म में तल्लीन होता है। वह स्वयं कर्म करता है और उसे अपने कर्म के अनुसार फल मिलता है। जो अच्छे कर्म करता है, उसे अच्छा और जो बुरा काम करता है, उसे बुरा फल मिलता है। सभी को अपने कर्मों का फल भोगना पड़ता है।

व्यक्ति अपने कर्म के अनुसार विभिन्न योनियों में जन्म लेता है और दुनिया में भटकता है। दुनिया से छुटकारा पाने का केवल एक ही तरीका है और वह है प्रभुशरण और फल की आशा के बिना किया हुआ कर्मयोग। भगवान् कृष्ण कहते हैं, 'जो मेरी शरण में आता है, वह मुझे प्राप्त करता है।' कर्म करने और फल की आशा न करने का अर्थ है कर्मयोग और इस विश्वास के साथ कर्म करना कि सबकुछ ईश्वर के अधीन है, मतलब प्रभुशरण।

तुम्हारे पास जो है, वह तुम्हारे कर्मों का फल है। उसके लिए किसी और को दोष मत दो। बहुत गहराई से सोचें। आपका अतीत ही आपके वर्तमान की जड़ में होगा। आप ही अपनी सफलता या विफलता, प्रतिष्ठा या बदनामी, लाभ या हानि के मूल में होंगे। आप जहाँ हो वहाँ क्यों हो? इसे जानने के लिए आप अपने अतीत में जाएँ। आप अपने सभी सवालों के जवाब पा लेंगे, अगर आप करीब से निरीक्षण करेंगे तो पाएँगे कि 'कर भला तो हो भला!'

□

करे कोई और भरे कोई

राजा राष्ट्रकृतं पापं राज्ञः पापं पुरोहितः।
भर्ता च स्त्रीकृतं पापं शिष्यपापं गुरुस्तथा॥

जैसे राजा को राष्ट्र के पाप का फल भुगतना पड़ता है और राजा के पाप का फल उनके पुरोहितों को भुगतना पड़ता है, वैसे ही पति को पत्नी के पाप का फल भोगना पड़ता है और गुरु को शिष्य के पाप का फल भोगना पड़ता है।

राष्ट्र का कर्ता-धर्ता राजा होता है। राज्य के सभी कार्य उसके अधीन होते हैं। एक पत्ता भी उसकी मर्जी के बिना नहीं हिल सकता। लोग उसे और उसके सलाहकारों को सभी अच्छे और बुरे कामों के लिए जिम्मेदार ठहराते हैं। राजा को राष्ट्र के अच्छे कार्यों का फल मिलता है, लेकिन राजा के पाप का फल राजपुरोहित को मिलता है। राजपुरोहित को राजा का मुख्य सलाहकार माना जाता है। उसकी सलाह को ही राजा के फैसलों के लिए जिम्मेदार माना जाता है। अपनी पत्नी को पाप करने से रोकना पति का दायित्व है। यदि पति अपनी पत्नी को नियंत्रित नहीं कर सकता, तो पति को अपनी पत्नी के दुष्कर्मों का फल भुगतना पड़ता है। पत्नी के किए पापकर्मों के कारण पति को बदनामी मिलती है और समाज में उसका कोई स्थान नहीं बचता। उसी प्रकार गुरु का यह कर्तव्य है कि वे शिष्य को सच्चा मार्गदर्शन दें। जिस प्रकार शिष्य के अच्छे कार्य का यश उसके गुरु को मिलता है, उसी प्रकार गुरु को उसके दुष्कर्मों के लिए भी जिम्मेदार माना जाता है।

आप कंपनी के वरिष्ठ कार्यकारी के रूप में अपनी कंपनी की पहचान है। आपके उत्पाद पर भी आपकी पहचान है। उसमें कुछ भी गड़बड़ होगी, अगर कंपनी पर कोई कलंक लगेगा तो दोषी आप ही माने जाओगे। यश का हकदार मालिक होगा, लेकिन कलंक की जिम्मेदारी कर्मचारियों के ऊपर ही आएगी। याद रखें, मालिक की सिद्धि या पतन का सीधा प्रभाव कर्मचारी पर पड़ता है। उसी तरह, कर्मचारियों का आलस्य, लापरवाही या अनैतिकता मालिक को पतन की ओर ले जाती है। दोनों परस्पर अनन्य हैं। उपलब्धि केवल वही है, जहाँ मालिक और कर्मचारियों के बीच उदात्त समन्वय बनता है।

□

स्पष्ट वक्ता बनिए

धन-धान्यप्रयोगेषु विद्यासंग्रहणेषु च।
आहारे व्यवहारे च त्यक्तलज्जः सुखी भवेत्॥

जो व्यक्ति लेनदेन में, विद्या या कोई हुनर सीखने में, भोजन के वक्त और किसी भी व्यवहार में बिना शर्म या कोई संकोच के बात करता है, वह हमेशा सुखी होता है।

किसी को उधार देते वक्त, किसी से उधार लेते वक्त, किसी से बकाया वसूलते वक्त या सामानों के लेनदेन के वक्त किसी भी प्रकार की शर्म नहीं होनी चाहिए।

किसी भी लेनदेन का पूर्ण विवरण पूरी सटीकता से रखना एक मनुष्य के लिए लाभदायी है। किसी विद्या या हुनर को सीखते वक्त किसी भी प्रकार की शर्म या संकोच नहीं करना चाहिए। सीखने की प्रक्रिया के दौरान अगर कुछ भी समझ न आए, तो बिना किसी हिचकिचाहट के पूछना चाहिए। खाना खाते समय भी, मिथ्या संकोच किए बिना स्पष्ट रूप से बताना चाहिए कि आपके क्या अनुकूल है, अन्यथा कभी-कभी भूखा भी रहना पड़ सकता है! रिश्तेदारों के साथ व्यवहार में मिठास, सच्चाई और स्पष्टता होनी चाहिए। व्यक्ति को झूठी शर्म छोड़कर हमेशा सच बोलना चाहिए और व्यावहारिक कदम उठाने चाहिए।

यदि व्यापारी स्पष्ट वक्ता है, तो ही वह बाजार में टिक सकता है। गोलमोल बात करने का कोई अर्थ नहीं। जो स्पष्ट बोलने की हिम्मत रखता है, वह जीतता है। वह जो कुछ नया सीखने के लिए हमेशा तैयार रहता है, वह ही समय के साथ तालमेल रख सकता है। कुछ नया सीखने में शर्म न करें।

□

धन की शोभा उसके उपयोग से ही है

गुणो भूषयते रूपं शीलं भूषयते कुलम्।
सिद्धिर्भूषयते विद्यां भोगो भूषयते धनम्॥

गुण रूप की, शील कुल की, सिद्धि विद्या की और योग्य उपभोग धन की शोभा में वृद्धि करते हैं।

रूप की सुंदरता गुण से बढ़ी है। जैसे दूध में शक्कर मिल जाती है, वैसे ही कोई स्वरूपवान स्त्री यदि सुशील और गुणी हो, तो उसकी प्रतिष्ठा में चार चाँद लग जाते हैं।

अच्छे शिष्टाचार से समाज में कुल की प्रतिष्ठा बढ़ती है। किसी भी विषय या विद्या में पारंगत होना बहुत मुश्किल है। अगर यह उपलब्धि हासिल हो जाए तो उस विद्या की शोभा बढ़ जाती है। धन के सही उपयोग से ही उसकी शोभा में वृद्धि होती है। धार्मिक या सामाजिक कार्यों में हुए लक्ष्मी के सही उपयोग से उसकी शोभा खिल उठती है।

गुणवत्ता प्रोडक्ट की, प्रतिष्ठा कंपनी की, सफलता संचालक की और परफेक्ट इन्वेस्टमेंट पूँजी की शोभा में वृद्धि करता है। कारोबारी लोग तो ढेरों में होते हैं। आप उनसे कैसे अलग हो सकते हैं? पैसे का सही जगह निवेश करें और समाज के हित में इसका उपयोग करें। फिर चारों दिशाओं से आपका अभिनंदन किया जाएगा।

□

कंजूस व्यक्ति का धन मिट्टी के समान है

निर्गुणस्य हतं रूपं दुःशीलस्य हतं कुलम्।
असिद्धस्य हता विद्या अभोगेन हतं धनम्॥

गुणहीन व्यक्ति का रूप, दुष्टों का गोत्र और अयोग्य व्यक्ति की शिक्षा नष्ट हो जाती है। धन का सही दिशा में उपयोग न करने से उसका भी नाश हो जाता है।

यदि कोई व्यक्ति स्वरूपवान है, मगर गुणवान नहीं है तो उसका रूप किसी काम का नहीं होता। सुंदरता के साथ सुशीलता का होना आवश्यक है। स्त्री की सुंदरता उसके गुणों से ही खिल उठती है। इनसान अपने गुणों से पूजा जाता है, न कि रूप से।

दुर्गुणों के कारण ही दुष्टों के कुल का नाश होता है। समाज में उसका कोई स्थान नहीं रहता। बुरे आचरण से व्यक्ति का सामाजिक, आर्थिक और नैतिक—तीनों स्तर पर पतन हो जाता है। उसके कुल की प्रतिष्ठा मिट्टी में मिल जाती है।

विद्या सही व्यक्ति के साथ ही सुशोभित होती है और पनपती है। अयोग्य व्यक्ति के पास विद्या का सही उपयोग करने की समझ न होने के कारण उसका नाश होता है। उसी तरह, यदि लक्ष्मी का सही उपयोग न किया जाए, तो वह भी बेकार हो जाती है। अगर पैसे अच्छे तरीके से खर्च किए जाएँ, तो ही उसका लाभ है।

गुणवत्ता के बिना ब्रांड, भ्रष्ट संगठन और मानवता के बिना कौशल दिवालिया हो जाते हैं। यदि सही व्यवसाय में पूँजी का निवेश नहीं किया जाता, तो वह डूब जाएगा। अपनी गुणवत्ता बनाए रखें। जब तक बाजार में आपकी प्रतिष्ठा है, तब तक आपके व्यवसाय को नुकसान नहीं होगा। विचारों को रचनात्मक बनाएँ। उसे सही दिशा में मोड़ें। न केवल व्यवसाय पर विचार करें, बल्कि व्यवसाय में शामिल प्रत्येक व्यक्ति और समाज का भी सोचें। सिर्फ थोड़ा लाभ कमाने के लिए उन उत्पादों से बचें, जो समाज के लिए हानिकारक हैं और हाँ, जो कुछ भी आप करते हैं, उसे दीर्घकालिक परिणामों को ध्यान में रखकर करें। आपकी जीत निश्चित है। संचित धन में वृद्धि नहीं होती है, इसके विपरीत वह बेकार हो जाता है। धन को 'प्रवाहमान' रखें।

□

जो अपना है, उसे ही सर्वश्रेष्ठ मानें

आत्मवर्गं परित्यज्य परवर्गं समाश्रयेत्।
स्वयमेव लयं याति यथा राजाऽन्यधर्मतः॥

स्वधर्म को त्यागकर अन्य धर्म को अपनानेवाले राजा का जैसे नाश होता है, वैसे ही अपने समुदाय को छोड़कर दूसरे समुदाय में शरण लेनेवाले मनुष्य का भी नाश होता है।

भगवद्गीता में भगवान् कृष्ण ने अर्जुन से कहा है कि चाहे जैसा भी हो, अपना धर्म ही सबसे श्रेष्ठ होता है। मनुष्य को अपने धर्म की शरण में ही रहना चाहिए। दूसरे धर्म की शरण लेना और अपने धर्म का त्याग करना विश्वासघात करने के समान है। यहाँ धर्म का अर्थ है—'कर्तव्य'। अपना कर्तव्य ठीक से पूरा नहीं करनेवाले व्यक्ति का जैसे नाश होता है, ठीक वैसे ही जो व्यक्ति अपने समुदाय के साथ विद्रोह करके दूसरे समुदाय के साथ मिल जाता है, उसका भी नाश होता है। अपने समुदाय में रहने से व्यक्ति के मूल सुरक्षित रहते हैं। जबकि दूसरे समुदाय के लोगों के बीच रहने से मनुष्य के संस्कारों का नाश होता है। यह उन लोगों पर लागू होता है, जो गाँव छोड़कर शहर में रहते हैं और जो देश छोड़कर विदेश में रहते हैं।

अपने व्यापार से प्रेम करें। मान लें कि आपका व्यवसाय सबसे अच्छा है। ज्यादा लाभ के लालच में दूसरा व्यवसाय न अपनाएँ। आप जिस व्यवसाय से जुड़े हैं, उससे आप अवगत होंगे। आप उस

व्यवसाय से संबंधित सबसे छोटी-से-छोटी जानकारी से अवगत होंगे। परिणामस्वरूप, आपके लिए उससे निपटना आसान हो जाएगा। अन्य व्यवसाय से आप अपरिचित हो, उनके गणित आप नहीं जानते। परिणामस्वरूप आप वहाँ नहीं टिक पाओगे। वहाँ के लोग आपकी कमियों का पूरा फायदा उठाएँगे। जब तक आप यह सत्य जानोगे, तब तक आप लुट चुके होंगे। आपने वह कहावत तो सुनी ही होगी, 'धोबी का कुत्ता, न घर का, न घाट का'। खेती हमेशा अपने खेत में ही करें, क्योंकि आप उसकी रग-रग से वाकिफ होते हैं। किसी और का खेत कैसा है, वहाँ की जमीन कितनी उपजाऊ है, वहाँ किस प्रकार की फसल सबसे अच्छी होगी, इन सबसे आप अनजान होते हैं। उसमें अगर खेती करने जाओगे तो मेहनत और पूँजी दोनों को गँवा देने की नौबत आएगी।

□

पुरुषार्थ करो

अनागतविधाता च प्रत्युत्पन्नमतिस्तथा।
द्वावेतौ सुखमेधेते यद्भविष्यो विनश्यति।।

दो प्रकार के लोग खुशी से रह सकते हैं, जो भविष्य की कठिनाइयों को दूर करने के लिए पहले से ही सुसज्जित हों और जो आपत्ति आने पर उसे दूर करने के उपाय सोचें। 'भाग्य में जो लिखा होगा, वह ही होगा'—ऐसा सोचकर बैठे रहनेवाले व्यक्ति का नाश होता है।

भविष्य की चिंता किए बिना वर्तमान में जीना चाहिए। उस व्यक्ति का नाश होगा, जो यह सोचकर बैठा रहता है कि भाग्य में जो लिखा है, वही होगा। संघर्ष करनेवालों को ही सफलता मिलती है। आनेवाली चुनौतियों को स्वीकार करके जो लड़ता रहता है, उसी को जीवनरूपी कुरुक्षेत्र में जीत हासिल होती है।

संघर्ष ही सत्य है। 'यह कठिन है', 'यह मुझसे नहीं होगा', 'भाग्य हमारे साथ नहीं है' आदि का त्याग करें। सबकुछ संभव है, अगर सही योजना और आवश्यक मेहनत है तो''पुरुषार्थ के सामने भाग्य की कोई हैसियत नहीं है। हाथ जोड़कर बैठे रहने से कुछ नहीं होगा। भाग्य को दोष मत दो। मेहनत करो। 'हिम्मत-ए-मर्दा तो मदद-ए-खुदा।'

□

दूसरों के मामलों में दखल न दें

अनालोक्य व्ययं कर्ता ह्यनाथः कलहप्रियः।
आतुरः सर्वक्षेत्रेषु नरः शीघ्रं विनश्यति॥

जो व्यक्ति बिना सोचे-समझे अपनी हैसियत से अधिक खर्च करता हो, जिसके पास कोई सुरक्षा नहीं हो, फिर भी सबसे लड़ता रहता हो और हर एक क्षेत्र में अपने आपको साबित करने के लिए उतावला रहता हो, उस व्यक्ति का जल्द ही नाश होता है।

यहाँ आचार्य कहते हैं कि एक व्यक्ति को हमेशा अपनी क्षमता के अनुसार खर्च करना चाहिए। असुरक्षित अवस्था में और बिना पूर्व तैयारी के कभी भी नहीं लड़ना चाहिए। सुरक्षित अवस्था में भी जब तक हो सके, तब तक लड़ाई से दूर ही रहना चाहिए। और हाँ, मनुष्य को केवल अपने क्षेत्र के बारे में ही सोचना चाहिए। अन्यों के क्षेत्रों में अकारण और व्यर्थ दखल नहीं देना चाहिए। वह एक अक्षम्य अपराध है और उसके फल भी काफी घातक हो सकते हैं।

खर्च पर काबू नहीं रखोगे तो आपके पास चाहे कितना भी धन क्यों न हो, कभी-न-कभी खत्म हो ही जाएगा। कर्ज तो बिल्कुल न लें। झगड़े से दूर रहें। दूसरों के क्षेत्रों में दखल न दें। अगर लोग आपके क्षेत्र में दखल देने लगेंगे तो आपका विनाश हो जाएगा। जब तक आप किसी को परेशान नहीं करोगे, कोई आपको परेशान नहीं करेगा। आप व्यवसायी हो, आपको व्यवसाय ही शोभा देता है, दूसरों के मामलों में दखल न दें। □

आयोजनपूर्वक, संगठित तरीके से काम करें

अनवस्थितकार्यस्य न जने न वने सुखम्।
जने दहति संसर्गो वने सङ्गविवर्जनम्॥

ढंग से कार्य न करनेवालों को न तो समाज में खुशी मिलती है और न ही जंगल में। समाज में मनुष्यों का साथ उसे दु:खी करता है और जंगल में अकेलापन।

एक व्यक्ति, जो बिना किसी योजना या नीति के काम करता है, जीवन में असफल होने के लिए बाध्य है। उसके लिए हर स्थिति कठिन है।

अनियोजित कार्य से कभी कुछ लाभ नहीं होता है इसलिए जो भी करें, उसे व्यवस्थित तरीके से करें। आपका काम उज्ज्वलित हो जाएगा और आपको सराहना मिलेगी। बिना आयोजन के की गई मेहनत पानी में ही जाती है और आप हँसी के पात्र बन जाते हैं।

□

मंजिल मिलेगी ही, अगर हौसले बुलंद होंगे

यद्दूरं यद्दुराराध्यं यच्च दूरे व्यवस्थितम्।
तत्सर्वं तपसा साध्यं तपो हि दुरतिक्रमम्॥

वह चीज, जो बहुत दूर है, जिसे पाने के लिए कठिन तपस्या करनी पड़ती है और जो मौजूद है, लेकिन उसे पाने के लिए बहुत मेहनत करनी पड़ती है, ऐसी चीज को मात्र कठिन तपस्या से ही हासिल किया जा सकता है।

काफी बार किसी चीज को देखकर हमें ऐसा लगता है कि यह करना हमारे लिए संभव नहीं है। उसे देखकर ऐसा लगता है कि इसे प्राप्त करना मुश्किल ही नहीं, बल्कि असंभव है। अगर आप ऐसा सोचते हैं तो आप गलत हैं। चाणक्य कहते हैं कि वास्तव में मौजूद कोई भी ऐसी चीज नहीं है, जिसे हासिल नहीं किया जा सकता। एकमात्र शर्त यह है कि व्यक्ति इसे केवल अथक परिश्रम और कड़ी मेहनत के माध्यम से ही प्राप्त कर सकता है। उसके लायक बन सकता है।

क्या आपने कुछ अनुमान लगाया है? क्या आप वहाँ तक पहुँचने के रास्ते खोज रहे हैं? रास्ते में आनेवाली असुविधाओं का सामना करने के लिए तैयार हैं? क्या आपने अपना सबकुछ दाँव पर लगा दिया है? क्या आप दृढ़ हैं? आपकी नजरें आपके लक्ष्य के अलावा और कुछ नहीं देख पा रहीं? आप जो कुछ भी कर रहे हों, रिश्ते बनाना, समझ को विकसित करना, नई खोजें करना, सख्त परिश्रम करना, इन सबके पीछे का लक्ष्य केवल उस स्थान तक पहुँचना है? लिखकर ले लीजिए, आपको वह मिलकर ही रहेगा। फिर चाहे वह स्वयं ईश्वर ही क्यों न हो। □

अपनी कमजोरी किसी को न बताएँ

अर्थनाशं मनस्तापं गृहे दुश्चरितानि च।
वञ्चनं चाऽपमानं च मतिमान्न प्रकाशयेत्॥

एक बुद्धिमान् व्यक्ति को पाँच बातों को अपने मन में ही रखना चाहिए—धन का नाश, मन में दुःख, पत्नी का व्यवहार, धोखे और अपमान।

धन की हानि, पत्नी का चरित्र, धोखा और किसी दूसरे व्यक्ति द्वारा हुए अपने अपमान के बारे में बात करना व्यक्ति को हास्यास्पद बनाता है। यही कारण है कि इन पाँच चीजों के बारे में चुप रहना ही मनुष्य के लिए अच्छा है।

धन के विनाश से मनुष्य का पीड़ित होना स्वाभाविक है। यदि पत्नी का चरित्र अच्छा नहीं है तो पुरुष को मानसिक पीड़ा झेलनी पड़ती है। किसी दुष्ट व्यक्ति के धोखा देने से या किसी द्वारा अपमानित होने से व्यक्ति का दुःखी होना स्वाभाविक है; परंतु मनुष्य को यह बात हर किसी को बताते हुए नहीं फिरना चाहिए क्योंकि उसमें उसका बार-बार अपमान तो होगा ही, साथ में लोग उसकी हँसी भी उड़ाएँगे। इसलिए इस प्रकार के विष को चुपचाप पी जाना चाहिए।

कुछ चीजें सिर्फ आपके लिए हैं। उन्हें अपने ही पास रखो। दुनिया को इसके बारे में न बताएँ और हाँ, दुनिया में ऐसे कई लोग हैं, जो दूसरों की पीड़ा देखकर बहुत आनंद लेते हैं। उन्हें अपनी कमजोर कड़ी न दिखाएँ अन्यथा यह आपके जीवन को हराम बना देगा। बात चाहे व्यवसाय की हो या घर की, उन्हें सार्वजनिक नहीं किया जाना चाहिए। इस जीवनरूपी विष को खुद ही पचाना सीखो। □

महत्त्वाकांक्षी बनें

सन्तोषाऽमृततृप्तानां यत्सुखं शान्तचेतसाम्
असन्तुष्टा द्विजा नष्टाः सन्तुष्टाश्च महीभृतः।
सलज्जा गणिका नष्टा निर्लज्जाश्च कुलांगनाः॥

ये चारों नष्ट हो जाते हैं—असंतुष्ट ब्राह्मण, संतुष्ट राजा, शर्मीली वेश्याएँ और बेशर्म दुराचारी कुलवधू।

एक ब्राह्मण को संतोषी होना चाहिए। जो ब्राह्मण संतोषी नहीं होता, उसका समाज में कोई सम्मान नहीं होता।

ब्राह्मण को संतुष्ट होना चाहिए, लेकिन राजा को संतुष्ट नहीं होना चाहिए। यदि धन और राज्य से राजा संतुष्ट हो जाता है तो राज्य का विकास नहीं होता है। उसकी संतुष्टि उसके लिए एक दुश्मन की तरह होती है। राजा को अपने राज्य का विस्तार जारी रखना चाहिए।

वेश्यावृत्ति का व्यवसाय ही बेशर्मी का होता है। एक वेश्या जिसे शर्म आती हो, वह अपनी रोजी-रोटी कैसे कमाएगी? उसकी लज्जा उसे नष्ट कर देती है, जबकि एक कुलवधू की बेशर्मी उसके विनाश के लिए जिम्मेदार होती है।

दुष्ट कुलवधू को कौन रखेगा? उसे कहीं भी स्थान नहीं मिलेगा और उसका नाश भी जल्दी ही हो जाएगा।

एक व्यवसायी व्यक्ति को अपने काम, अपने कौशल, अपने व्यवसाय के विकास या अपने लाभ से कभी भी संतुष्ट नहीं होना चाहिए। जिस क्षण संतोष उसमें प्रवेश करता है, उस क्षण से उसका विकास रुक जाता है। व्यवसाय का क्षेत्र अनंत है। इसके विकास का कोई अंत नहीं है। पूरा विश्व इसका बाजार है। यदि व्यापारी व्यापार करने में सक्षम हो, तो वह अपने व्यवसाय से पूरी दुनिया पर राज कर सकता है, आप भी"

□

साफ-सुथरे रहिए

कुचैलिनं दन्तमलोपसृष्टं बह्वाशिनं निष्ठुरभाषिणं च।
सूर्योदये चास्तमिते शयानं विमुञ्चति श्रीर्यदि चक्रपाणिः॥

एक व्यक्ति जो गंदे कपड़े पहनता है, जिसके गंदे दाँत होते हैं, यानी वह अपने दाँत साफ नहीं रखता, बहुत ज्यादा खाता है, कठोर बोलता है, सूर्योदय और सूर्यास्त के समय सोता है, उस व्यक्ति को लक्ष्मी, स्वास्थ्य और सौंदर्य छोड़ देते हैं। भले ही वह व्यक्ति स्वयं विष्णु ही क्यों न हो!

आचार्य चाणक्य यहाँ विनम्रता से स्वच्छता के महत्त्व को बताते हैं। इस श्लोक से स्पष्ट है कि आचार्य चाणक्य ने न केवल मन की शुद्धता पर जोर दिया, बल्कि शरीर की शुद्धता को भी आवश्यक माना। उसने आलसी और अशुद्ध लोगों को सुधर जाने की चेतावनी दी है।

ज्यादातर लोग पहले आपको देखते हैं, फिर आपके व्यवहार को देखते हैं, फिर आपके कौशल को। ऐसा न हो कि आपका रूप या आपका व्यवहार आपके कौशल के लिए बाधा बन जाए, इसलिए अनुशासित रहें। स्वच्छ रहें, न केवल जीवन में, बल्कि काम में भी। अगर यह सब है''' तो कौशल दिखेगा ही। सुंदर और साफ-सुथरे वस्त्र और मृदु भाषा के साथ कोई भी व्यक्ति समाज में स्वीकृति पाएगा। समुद्रमंथन से अमृत भी निकला था, विष भी निकला था, लक्ष्मी भी निकली थी। समुद्र ने पीतांबरधारी और प्रभावशाली विष्णु को लक्ष्मी प्रदान कर दी और चमड़े में खड़े शिवजी को जहर मिला! □

व्यापार अध्यक्ष की जिम्मेदारी

पण्याध्यक्षः स्थलजलजानां नानाविधानां पण्यानां
स्थलपथवारिपथोपयातानां सारफलवर्धनानन्तरं प्रियाप्रियतां च विद्यात्।
तथा विक्षेपसंक्षेपक्रयविक्रयप्रयोगकालान्॥

व्यापारी को—

- स्थल, पानी (व्यापार की दुनिया में कहीं भी) उपलब्ध चीजें,
- विभिन्न स्थानों से बिक्री के लिए आनेवाली कई वस्तुओं के सापेक्ष महत्त्वपूर्ण वस्तुओं की (जिसकी सीधी तुलना की जा सकती है) माँग और आपूर्ति की स्थिति के बारे में,
- लोगों की पसंद और नापसंद के बारे में,
- कम और ज्यादा माँगवाली वस्तुओं की उपलब्धता के बारे में,
- साथ ही खरीद और बिक्री के सही समय की पूरी जानकारी होनी चाहिए।

इस श्लोक में आचार्य का भावार्थ कुछ इस प्रकार है—व्यापारी को बहुत सक्षम होना चाहिए, बाजार और उपभोक्ता दोनों की पहचान होनी चाहिए, साथ-ही-साथ स्थान, समय और परिस्थिति के अनुसार व्यापार और वाणिज्य से संबंधित किसी भी स्थिति से निपटने के लिए कौशल होना चाहिए।

केवल वही व्यक्ति व्यवसाय कर सकता है, जिसके पास व्यापार से संबंधित सभी मामलों का ज्ञान है। कहाँ व्यापार करना है, किसके साथ व्यापार करना है, किस समय और किन परिस्थितियों में करना है, कम माँग में क्या है, उच्च माँग में क्या है, उन वस्तुओं को आसानी से कैसे प्राप्त करें? केवल वही व्यापारी, जो इन सभी पहलुओं पर विचार करके अपना व्यवसाय शुरू करता है, वह जीत सकता है।

□

सरकारी सामान बेचनेवाले व्यापारियों की जिम्मेदारी

पण्याधिष्ठातारः पण्यमूल्यमेकमुखं काष्ठ
द्रोण्या-मेकच्छिद्रापिधानायां निदध्युः।
अह्श्चाष्टमे भागे पण्याध्यक्षस्यार्पयेयुः इदं विक्रीतमिदं शेषमिति।
तुलामानभाण्डकं चार्पयेयुः। इति स्वविषये व्याख्यातम्।

सरकारी सामान (वस्तुएँ) बेचनेवाले व्यापारी को बिक्री से प्राप्त आय को लकड़ी के बक्से में एक छिद्रित ढक्कन के साथ रखना चाहिए। दिन के आठवें हिस्से (शाम) में उपयुक्त अधिकारी को कितनी बिक्री हुई है, कितना बचा हुआ है, यह कहते हुए सबकुछ सौंप देना चाहिए। तराजू, तौल (बल्ले) आदि को भी सौंप दिया जाना चाहिए।

सरकारी सामान बेचनेवाले व्यापारी के कर्तव्य को बाधित करते हुए आचार्य का कहना है कि उन्हें दिन के दौरान बिक्री से प्राप्त आय को एक छिद्रित ढक्कन के साथ बंद लकड़ी के बक्से में रखना चाहिए, ताकि कोई भी जानबूझकर या अनजाने में उसमें गड़बड़ न कर सके। उसी तरह दिन के आठवें भाग में यानी कि शाम को उसे दिन के दौरान की गई बिक्री का स्पष्ट विवरण करके उससे प्राप्त रकम और बिना बिके सामानों को उचित अधिकारी को सौंपना चाहिए। अधिकारी को भी बकाया माल और प्राप्त आय दोनों का मेल कर लेना चाहिए। उसी तरह बिक्री अधिकारी को भी अपने तराजू और तौल को जमा करवा देना

चाहिए। यह कहने के पीछे आचार्य का उद्देश्य यह है कि यदि अधिकारी चाहे, तो वह तराजू या तौल को घर ले जा सकता है और तौल के वजन या तराजू के दो पैमानों में गड़बड़ी कर सकता है और इस तरह से वह गड़बड़ कर सकता है। आचार्य ने वह ऐसा न कर पाए और ग्राहकों को धोखा न दे पाए, इस इरादे से यह सलाह दी है।

अधिकारी का कर्तव्य है कि वह उसे सौंपी गई जिम्मेदारियों को ईमानदारी से निभाए। इसलिए उसे अपने सभी लेनदेन को पारदर्शी रखना चाहिए। उसी तरह, ऊपरी अधिकारी को, अपने कर्तव्य के हिस्से के रूप में, अपने से नीचेवाले अधिकारी को सौंपी गई जिम्मेदारियों और उसके प्रदर्शन की निरंतर निगरानी करनी चाहिए। यदि दो पैमाने समान हैं तो किसी भी तरह की गड़बड़ी का कोई सवाल नहीं होगा।

□

एक मजबूत संगठन की रचना करें

बहूनां चैव सत्त्वानां समवायो रिपोर्जयः।
वर्षधाराधरो मेघस्तृणैरपि निवार्यते॥

सामान्य लोगों का एक समुदाय—उनका संगठन आसानी से एक शक्तिशाली दुश्मन को भी हरा सकता है—जिस तरह एकत्र लकड़ी की छत पानी को घर में गिरने से रोकती है।

जिन परिवारों में मतभेद हैं, आपसी एकता का अभाव है, वे जल्दी ही नष्ट हो जाएँगे। उसी तरह, यदि एक परिवार या देश में एकता की भावना पाई जाती हो और लोग एक साथ काम करते हों, वे सबसे खतरनाक दुश्मन को भी हरा सकते हैं। पेड़ की एक शाखा को एक छोटा बच्चा भी आसानी से तोड़ सकता है, लेकिन लकड़ी के भार को तोड़ना एक शक्तिशाली व्यक्ति के लिए भी असंभव है।

कलियुग में संघ ही एकमात्र शक्ति है। एक संगठन बनाएँ। जिस व्यवसाय में आप शामिल हैं, उससे संबंधित व्यक्तियों या संगठनों के संपर्क में रहें। किसी और की मुसीबत में उनका साथ दें। अकेले मत रहो, अन्यथा आप विपत्ति के समय सूखे पत्ते की तरह उड़ जाएँगे। संगठन में एक शक्तिशाली इकाई का भी निर्माण करें। ऊर्जावान कर्मचारियों की भरती करें। किसी भी काम पर निर्णय लेने से पहले एक बैठक करें। सभी की सहमति हासिल करें। सब सहमत होंगे तो ही सहयोग मिलेगा और जब सबका सहयोग मिलेगा, तब ही उपलब्धि मिलेगी।

□

पुरस्कार

तुष्टानर्थमानाभ्यां पूजयेत्।
अतुष्टान् साम-दाम-भेद-दण्डैः साधयेत्॥

राजा को अपने प्रशासन में संतोषजनक काम करनेवालों को पदोन्नति, पुरस्कार आदि देकर सम्मानित करना चाहिए और असंतुष्टों को साम, दाम, दंड, भेद की नीति के साथ प्रताड़ित करना चाहिए।

जैसा कि यहाँ कहा गया है, राजा को अपने गुप्तचरों के माध्यम से अपने नीचे काम करनेवाले हर वर्ग के लोगों के काम के बारे में पता होना चाहिए।

उन व्यक्तियों के बारे में पूर्ण जानकारी मिलने के बाद राजा को अपने प्रशासन में, जो व्यक्ति अपने कार्य संतुष्टि के साथ करते हैं, उन लोगों को पदोन्नति, पुरस्कार आदि से सम्मानित करना चाहिए; ताकि काम के प्रति उनका उत्साह बना रहे और उनकी निष्ठा बढ़े। यदि ऐसा नहीं किया जाता है तो उन लोगों का उत्साह पिघल जाएगा और उनकी अपने काम में रुचि भी कम हो जाएगी। परिणामस्वरूप उनके मन में राजा या राज्य, काम या वेतन के प्रति असंतोष पैदा होगा। ऐसा होने से रोकने के लिए राजा को भी उनका सम्मान करना चाहिए। उसी तरह जो असंतुष्ट समूह हैं, उन्हें साम, दाम, दंड, भेद—संक्षेप में कहें, तो उन्हें किसी भी तरह से वश में रखना चाहिए, क्योंकि राजा के नीचे काम करनेवाले सभी अधिकारी राजा की व्यक्तिगत पूँजी हैं। उनके पास राजा के रहस्य हैं। अगर किसी भी कारण से वे लोग शत्रुपक्ष में शामिल हो जाते

हैं तो बड़ी आपदा की संभावना शत प्रतिशत है। इसलिए राजा को इन दो प्रकार के लोगों पर दोनों तरह के उपायों से नियंत्रण करना चाहिए।

हर कोई प्रशंसा का भूखा है। सराहना की कमी सही व्यक्ति को भी गलत राह पर ले जा सकती है। इसलिए शासक को निष्ठावान और मेहनती कर्मचारी को पुरस्कृत करना चाहिए, ताकि योग्य आदमी योग्य जिम्मेदारी निभाता रहे और कुछ नया करने के लिए प्रेरित हो। उसी तरह यदि बेईमान और अयोग्य कर्मचारियों को दंडित नहीं किया जाता है तो वे अत्याचारी हो जाते हैं और अधिक भ्रष्टाचार करना शुरू कर देते हैं। ऐसी परिस्थितियों में राजा को उनके अपराध के अनुसार उन्हें दंडित करना चाहिए। संक्षेप में कहें, तो शासक या प्रशासक के एक हाथ में फल और दूसरे में एक चाबुक होना चाहिए और उसे आवश्यकतानुसार तथा प्रभावी रूप से दोनों का उपयोग करना चाहिए।

□

राजा का कर्तव्य

एवं स्वविषये कृत्यानकृत्यांश्च विचक्षणः।
परोपजापात् संरक्षेत् प्रधानान् क्षुद्रकानपि॥

बुद्धिमान् राजा को अपने मंत्रियों और आम लोगों को शत्रुपक्ष में जाने से रोकना चाहिए।

आचार्य का कहना है कि इस तरह सही लोगों को पुरस्कृत करके और अयोग्य को दंडित करके, राजा को दोनों प्रकार के लोगों को अपने नियंत्रण में रखना चाहिए। योग्य लोग पुरस्कार की आशा में और अयोग्य लोग दंड के डर से राजा या प्रशासक के नियंत्रण में रहेंगे, तभी उन्हें शत्रुपक्ष में जाने से रोका जा सकता है, इसलिए एक बुद्धिमान् राजा को साम, दाम, दंड, भेद या किसी भी नीति के उपयोग से अपने मंत्रियों और सामान्य व्यक्तियों को अपने नियंत्रण में रखना चाहिए। एक राजा यदि ऐसा नहीं करता, यानी कि योग्य व्यक्तियों को सम्मान नहीं देता और अयोग्य व्यक्तियों को दंडित नहीं करता, तो वह अपने दोनों तरह के कर्मचारियों को खो देता है और अंत में बरबाद होता है।

सबसे अच्छा संचालक वह है, जो अपने कर्मचारियों को नियंत्रित करना जानता है। एक प्रशासक जिसके पास अच्छे को स्वीकार करने, उसकी सराहना करने और बुरे को दंडित करने की क्षमता नहीं है, वह सच्चा प्रशासक नहीं है। वह एक संगठन स्थापित तो कर सकता है, लेकिन उसे चला नहीं सकता। ऐसे प्रशासक की तुलना यदि उस नाविक से की जाए, जो बिना नाव के समुद्र पार करने निकला हो तो भी उसमें कुछ गलत नहीं होगा। □

राजकोष की सुरक्षा

कोषपूर्वाः सर्वारम्भाः। तस्मात् पूर्वं कोषमवेक्षेत॥

(किसी भी) राज्य के सभी कार्य राजकोष पर आधारित होते हैं इसलिए (हर) राजा को पहले राजकोष पर ध्यान केंद्रित करना चाहिए।

राज्य के सारे कार्य किससे चलते हैं? राजकोष से अर्थात् राज्य के पास उपलब्ध धन से। यदि राज्य की संपत्ति खत्म हो जाती है तो पूरी अर्थव्यवस्था ढह जाती है और जैसे ही अर्थव्यवस्था ढहती है, शासन भी ढह जाता है। इसलिए आचार्य की सलाह है कि राजा को पहले राजकोष पर ध्यान देना चाहिए।

किसी भी संगठन के कार्य उसकी धनराशि, उसकी पूँजी पर निर्भर करते हैं, इसलिए हर प्रशासक को अपनी आय पर लगातार नजर रखनी चाहिए। जिस कार्य में अनावश्यक खर्च हो रहा हो, वैसे कार्यों पर खास ध्यान देना चाहिए। जिस क्षण यह महसूस हो कि संस्था की पूँजी भयजनक स्थिति में है, उसी पल से अपनी पूरी क्षमता को धन को समृद्ध करने में लगाया जाना चाहिए, क्योंकि अर्थव्यवस्था की नींव पैसा है। आर्थिक गतिविधि करती हुई कोई भी संस्था का आधार सिर्फ धन है। जैसे ही धन की कमी महसूस होगी, पूरा तंत्र कमजोर हो जाएगा। लोग संगठन और प्रशासक दोनों में विश्वास खो देंगे। अगर प्रशासक खुद भी आर्थिक रूप से और मानसिक रूप से ध्वस्त हो जाए तो भी कोई आश्चर्यवाली बात नहीं होगी। ऐसा कुछ न हो और सबकुछ सुचारु रूप से चले, इसके लिए संचालक को लगातार अपने वित्तीय पक्ष को मजबूत रखना चाहिए। □

मेहनती को पुरस्कृत करो

यश्चैषां यथादिष्टमर्थं सविशेषं वा करोति स स्थापमानौ लभेत॥

जो अधिकारी उन्हें सौंपे गए कार्य को पूरा करने के बाद स्वेच्छा से अन्य कार्यों को करते हैं, जो राज्य के लिए फायदेमंद होते हैं, उन्हें सम्मान और पदोन्नति के साथ पुरस्कृत किया जाना चाहिए।

आचार्य चाणक्य कहते हैं कि जो अधिकारी खुद को सौंपे गए कार्य उपरांत दूसरी जिम्मेदारियों को भी स्वेच्छा से ही स्वीकार करते हैं और उन जिम्मेदारियों को निभाते भी हैं, वैसे अधिकारियों को समय-समय पर सम्मान और पदोन्नति के साथ पुरस्कृत किया जाना चाहिए। ऐसा करने से उनके परिश्रम और दक्षता में धीरे-धीरे वृद्धि होगी; इतना ही नहीं, उन्हें मिली पदोन्नति, पुरस्कार, सम्मान आदि देखने से राज्य के अन्य अधिकारियों को तदनुसार व्यवहार करने की प्रेरणा मिलेगी।

हर व्यक्ति अपने कार्य अपनी चेतना से करते हैं। हर व्यक्ति को यह उम्मीद होती है कि उसके कार्य महत्त्वपूर्ण हैं और उन पर ध्यान दिया जा रहा है। जिस क्षण से व्यक्ति के कार्यों पर ध्यान देना बंद हो जाएगा, उस क्षण से उसकी दक्षता कम होने लगती है। यदि आप चाहते हैं कि आपका तंत्र धड़कता रहे, तो तंत्र से जुड़े सभी लोगों का ध्यान रखें, जिनके योगदान से आपका तंत्र चलता है।

□

चोर को दंड देना

यः समुदयं परिहापयति स राजार्थं भक्षयति।
स चेदज्ञानादिभिः परिहापयति तदेनं यथागुणं दापयेत्॥

जो अधिकारी राज्य के राजस्व में क्रमिक गिरावट ही दिखाता है, वह राज्य के धन की चोरी करता है (ऐसा मानिए)। (यदि जाँच से पता चलता है कि) उसकी अज्ञानता, लापरवाही या आलस्य के कारण ऐसा हुआ है तो जितना राजस्व कम हुआ हो, उससे दो या तीन गुना अधिक जुरमाना लगाया जाना चाहिए।

जिस तरह आचार्य ईमानदार कर्मचारियों को पुरस्कृत करने की सलाह देते हैं, उसी तरह वे भ्रष्ट अधिकारियों को दंडित करने की बात भी करते हैं। आचार्य कहते हैं—वह अधिकारी, जो राज्य के राजस्व में क्रमिक गिरावट दिखाता है, वह राज्य के धन की चोरी करता है। राजा को ऐसे मामले को गंभीरता से लेना चाहिए और इसकी औपचारिक जाँच करवानी चाहिए। यदि जाँच में पाया जाता है कि ऐसा अधिकारी की अज्ञानता, लापरवाही, आलस्य के कारण ऐसा हुआ है तो दंडस्वरूप उस पर दो या तीन गुना अधिक राशि का जुरमाना लगाया जाना चाहिए। यदि ऐसा नहीं किया जाता है तो उसे आदत हो जाएगी और वह अपनी परंपरा को जारी रखेगा। इसके अलावा, अपराध करने के बाद भी उसे सुरक्षित देखकर उसके (अन्य अधिकारियों के आसपास के) लोगों को भी अपराध करने की प्रेरणा मिलेगी। यह सब न हो, इसके लिए भी राजा को उस पर कठोर जुरमाना लगाना चाहिए।

□

सावधान रहें कि उदारता से क्षमा करने की आपकी प्रवृत्ति मूर्खता की ओर अग्रसर न हो जाए। उसे यह महसूस करने दें कि आप (शासक) उसकी पहली गलती से अवगत हैं, ताकि अपराधी दोबारा अपराध न करे; इतना ही नहीं, वह दुबारा गलती न करे, इसलिए उसे दंडित भी करें।

□

शोषण करनेवालों को दंडित करें

यः समुदयं व्ययमुपनयति स पुरुषकर्माणि भक्षयति।
स कर्म-दिवसद्रव्यमूलपुरुषवेतनापहारेषु यथापराधं दण्डयितव्यः॥

जो अधिकारी उसे मजदूरों पर खर्च करने के लिए मिली निर्धारित राशि को खर्च न करके खुद के लिए बचा लेता है, वह गरीब मजदूरों का अपराधी होता है। ऐसे अपराधी अधिकारी को काम के नुकसान के साथ-साथ मजदूरों के साथ हुए अन्याय के लिए उचित दंड दिया जाना चाहिए।

उपरोक्त सूत्र के माध्यम से आचार्य यह कहना चाहते हैं कि अधिकारी को जो राशि (धन) जिस कार्य को करने के लिए आवंटित की गई हो, उसे उस धन को उसी कार्य में पूर्णतः खर्च करना चाहिए। जो अधिकारी उसमें बचत करता है, वह गरीब मजदूरों का अपराधी है, अर्थात् वह मजदूरों को आवंटित किए धन में गड़बड़ करता है। आचार्य इसे गंभीर अपराध मानते हैं। इस कारण से आचार्य ने राजा को सलाह दी है कि उसे काम में हुए नुकसान के लिए अपराधी अधिकारी से जुरमाना वसूल करना चाहिए, अर्थात् उसके घोटाले के कारण काम में हुए नुकसान जितनी राशि और मजदूरों के साथ अन्याय करने के अपराध के लिए अलग से जुरमाना।

संक्षेप में कहें, तो आचार्य का कहना है कि जहाँ जितना खर्च जरूरी है, उतना करना ही चाहिए, जितना जरूरी हो उतना··· (अधिक नहीं, कम नहीं।) नए साल के बजट से पहले आवंटित राशि खर्च नहीं करना अपराध है। उसी तरह

गरीबों का शोषण करना भी एक अन्याय है। इन दोनों अन्याय के लिए अधिकारी को दंडित किया जाना चाहिए।

आम कर्मचारी व्यवसायरूपी पेड़ की जड़ होते हैं और किसी भी पेड़ की आत्मा उसकी जड़ में होती है। हमेशा जड़ों को पोषण प्रदान करें। जिस क्षण जड़ों का शोषण होने लगता है, दूसरे ही पल से उसका शीर्ष सूखने लगता है। आसमान को छूनेवाला वृक्ष वह है, जिसकी जड़ें अच्छी तरह से पोषित की गई हों।

□

भ्रष्ट अधिकारी को दंड देना

अस्त्रावयेच्चोपचितान्, विपर्यस्येच्च कर्मसु।
यथा न भक्षयन्त्यर्थं भक्षितं निर्वमन्ति वा॥

आर्थिक घोटालों में शामिल अधिकारी या कर्मचारियों के बारे में जानकारी मिलते ही, और अगर उन पर लगाए गए आरोप सिद्ध होते हैं तो राजा को उन्हें अपने पद से तो हटा ही देना चाहिए, साथ-साथ उनकी पूरी संपत्ति को भी जब्त कर लेना चाहिए।

ऊपर दिए गए विषय के अनुसरण में, आचार्य का कहना है कि अगर कोई अधिकारी इस तरह की गड़बड़ी करता हुआ रँगे हाथों पकड़ा जाता है और उसके खिलाफ आरोप वैध साबित होता है, तो उसे उसके पद से तुरंत हटा दिया जाना चाहिए, क्योंकि एक भ्रष्ट अधिकारी राज्य के खजाने का चोर होता है। हमारे यहाँ और हर जगह चोरी को एक महा अपराध माना गया है। यदि मुख्य अधिकारी भ्रष्ट है तो उसके नीचे के अधिकारी भी भ्रष्ट होंगे। नतीजतन, धन की चोरी तो होगी ही, कर्मचारी भी भ्रष्ट होंगे। इसके अलावा, किसी कार्य के खर्च के लिए आवंटित राशि में गड़बड़ी से उस काम की गुणवत्ता भी प्रभावित होगी। संक्षेप में कहें, तो एक निरंतर शृंखला बन जाएगी। ऐसा न हो, इसलिए राजा को उसे पद पर से हटा देना चाहिए; इतना ही नहीं, उसकी पूरी संपत्ति को भी जब्त कर लेना चाहिए, क्योंकि उसके पास जो कुछ भी होगा, वह सब चोरी का होगा, राज्य का होगा। उसके दोषी पाए जाते ही राजा को उससे उसका सारा धन वापस ले लेना चाहिए।

भ्रष्टाचार पर अंकुश लगाना ही भ्रष्टाचार को रोकने का एकमात्र तरीका है इसलिए भ्रष्ट अधिकारी को दंडित किया जाना चाहिए और एक उदाहरण निर्धारित करना चाहिए। अपराधी को नजरअंदाज नहीं किया जाना चाहिए। एक छोटे से अपराध में दी गई क्षमा कई अन्य अपराधों के लिए दरवाजा खोल सकती है। सिर्फ अपराधी को ही नहीं, बल्कि उसके अंदर पनप रही अपराधवृत्ति को खत्म करने के लिए भी उसे अपनी गलती का अहसास तो करवाना ही चाहिए, इसलिए उसको दंडित तो करना ही चाहिए।

□

सही अधिकारी को पदोन्नति

न भक्षयन्ति ते त्वर्थान् न्यायतो वर्धयन्ति च।
नित्याधिकारकार्यास्ते राज्ञः प्रियहिते रताः॥

राज्य के धन में गड़बड़ी न करनेवाले न्यायपरायण और हमेशा राजा के हित को अग्रसर रखकर राज्य की समृद्धि के लिए प्रयत्नशील रहनेवाले चरित्रवान अधिकारियों को स्थायी पद पर नियुक्त करना चाहिए।

इसके विपरीत, जो ईमानदार हैं, निष्ठावान हैं, जो राज्य की संपत्ति को अपनी संपत्ति के समान मानकर उसकी रक्षा करते हैं, राज्य की संपत्ति का अच्छे से उपयोग करते हैं और अपने कार्यों के माध्यम से राज्य की समृद्धि बढ़ाते हैं, वैसे अधिकारियों को आचार्य ने उच्च पद पर नियुक्त करने की सलाह दी है।

फल तो मिलना ही चाहिए—योग्यता का भी और अयोग्यता का भी। जितना नुकसान अयोग्यताओं को नजरअंदाज करने में है, उतना ही या उससे भी अधिक नुकसान योग्यताओं को नजरअंदाज करने में है। इसलिए जो व्यक्ति लायक है, उसकी तुरंत ही कदर होनी चाहिए।

□

उदार बनो

कुराजराज्येन कुतः प्रजासुखं कुमित्रमित्रेण कुतोऽस्ति निर्वृत्तिः।
कुदारदारैश्च कुतो गृहे रतिः कुशिष्यमध्यापयतः कुतो यशः॥

एक दुष्ट राजा के शासन में लोग शांति से कैसे रह सकते हैं? एक धोखेबाज दोस्त की संगत का आनंद कैसे लिया जा सकता है? एक दुष्ट पत्नी घर में सुख और शांति कैसे बनाए रख सकती है? मूर्ख शिष्य को शिक्षा देने से गुरु की प्रतिष्ठा कैसे बढ़ेगी?

दुष्ट राजा लोगों के सुख, समृद्धि और शांति में रुचि नहीं रखता है। वह केवल अपनी विलासिता और वैभव में रुचि रखता है। ऐसे निर्दयी राजा के शासन में, पुण्य के बजाय, अनैतिकता और व्यभिचार को बढ़ावा मिलता है। सज्जनों का रहना हराम हो जाता है।

विश्वासघाती मित्र कभी वफादार नहीं होता। मित्र सुख और दुःख का साथी होता है। दोस्त एक-दूसरे के कई राज जानते होते हैं इसलिए धोखेबाज मित्र की संगत कई बार व्यक्ति को मुश्किलों में डाल देती है।

पत्नी सुशील होनी चाहिए, घर की खुशी पत्नी पर निर्भर करती है। दुष्ट पत्नी केवल अपनी इच्छाओं को पूरा करने में रुचि रखती है। उसमें त्याग की भावना नहीं होती। ऐसी पत्नी घर की शांति बनाए रखने में विफल रहती है।

मूर्ख शिष्य को विद्या का दान नहीं करना चाहिए, यदि कोई गुरु ऐसा करता है तो समाज में उसका उपहास ही किया जाता है।

प्रबंध कार्यों में हिटलरशाही नहीं चलती अन्यथा सबकुछ बरबाद हो जाता है, असंतोष फैलता है, विद्रोह होते हैं और संगठन और प्रशासक दोनों का नाश होता है। इसलिए जो भी करें, समझदारी से करें। व्यक्ति की छोटी-से-छोटी शक्ति को स्वीकार करें, उसके कार्य की प्रशंसा करें। प्रत्येक कर्मचारी के साथ प्रत्यक्ष या परोक्ष तरीके से संपर्क में रहें। उनकी समस्याओं को समझें और उन्हें दूर करने के तरीकों के बारे में सोचें। उदारवादी बनें।

□

कसौटी की मर्यादा

न दूषणमदुष्टस्य विषेणेवाम्भसश्चरेत्।
कदाचिद्धि प्रदुष्टस्य नाधिगम्येत भेषजम्॥

जिस तरह एक बार जहर मिलाकर अशुद्ध किए हुए पानी को शुद्ध नहीं किया जा सकता, ठीक वैसे ही दोषी आदमी को एक अच्छे रास्ते पर नहीं लाया जा सकता।

आचार्य चाणक्य सलाह देते हैं कि यह सुनिश्चित करना चाहिए कि इस तरह के परीक्षण में कोई निर्दोष व्यक्ति न मारा जाए, क्योंकि जिस तरह जहर को शुद्ध पानी में मिलाए जाने के बाद वह पानी पुनः शुद्ध नहीं किया जा सकता, ठीक वैसे ही एक बार लालच देकर गलत रास्तों पर चलाए गए व्यक्ति को फिर से सीधे रास्तों पर चलवाना कठिन है। यदि उसे सही में घोटाले करने की आदत हो जाए तो काफी बुरा होगा। इस प्रकार, वास्तव में शुद्ध व्यक्ति की अनुचित रूप से ली गई परीक्षा द्वारा उसके दूषित होने की संभावना शत प्रतिशत है, इसलिए परीक्षार्थी के लक्षणों का पूरी तरह से विश्लेषण करने के बाद ही उसकी परीक्षा लेने की सलाह दी जाती है।

परीक्षा केवल उन लोगों की होनी चाहिए, जिनके चरित्र पर आपको संदेह है। निर्दोष और शुद्ध लोगों को इससे बाहर रखा जाना चाहिए, क्योंकि कभी-कभी निर्दोष लोग ऐसी प्रक्रिया का शिकार हो जाते हैं और वास्तव में भ्रष्ट हो जाते हैं और एक व्यक्ति जो एक बार भ्रष्ट हो गया, फिर उसके सीधे रास्ते पर चलने की संभावना बहुत कम है। □

गुप्तचर नियुक्त करना

कृतमहामात्यापसर्पः पौरजानपदानपसर्पयेत् ॥

राजा को अपने प्रधानमंत्री, अन्य मंत्रियों, पुरोहितों और अमात्य के चरित्र को जानने के लिए, साथ ही राजा के प्रति नागरिकों के रवैए को जानने के लिए गुप्तचरों की नियुक्ति करनी चाहिए।

राज्य प्रणाली में गुप्तचरों का स्थान प्रमुख रहा है। राजनीति में कब क्या हो जाए, कौन क्या कर दे, कुछ नहीं कहा जा सकता। राजा अकेला कितनी जगह, और किस-किस का ध्यान रखेगा? राज्य में कहाँ क्या चल रहा है? कौन क्या कर रहा है? इन सबकी पूर्णतः जानकारी पाने के लिए राजा अकेला असमर्थ है। यही कारण है कि आचार्य चाणक्य ने राजा को गुप्तचरों के माध्यम से इन सभी गतिविधियों के बारे में जानकारी प्राप्त करते रहने की सलाह दी है। आचार्य चाणक्य कहते हैं कि राजा को अपने प्रधानमंत्रियों, अन्य मंत्रियों, पुरोहितों और अमात्य (ये सभी राज्य-व्यवस्था के आंतरिक अंग हैं) के चरित्र को समझने के लिए गुप्तचरों की नियुक्ति करनी चाहिए, साथ ही प्रजा का खुद के प्रति रवैया जानने के लिए भी गुप्तचरों की नियुक्ति करनी चाहिए।

इस तरह राजा को पता चल सकता है कि उसके राजतंत्र में क्या चल रहा है। अगर कहीं किसी चीज में गड़बड़ हो तो उसे ठीक किया जा सके। अतीत में, ऐसे कई मामले सामने आए हैं, जिनमें राजा इन सभी मामलों से अनजान थे और उनके भरोसेमंद मंत्रियों ने ही उन्हें उखाड़ फेंका। इसलिए राजा को अपने

आंतरिक कर्मचारियों से भी हमेशा सतर्क रहना चाहिए।

उसी तरह, प्रजा की वास्तविक स्थिति क्या है, प्रजा उनके शासन में खुश है या दु:खी, खुद से खुश है या नाराज है—राजा को यह जानना चाहिए। अगर प्रजा विद्रोह करे और सिर्फ आखिरी समय में ही राजा को हकीकत का ज्ञान हो तो फिर पश्चात्ताप ही हासिल होगा। ऐसा होने से रोकने के लिए राजा को शुरुआत से ही इन सभी बातों की जानकारी होनी चाहिए। लेकिन कौन उसे इन सब बातों से अवगत रखता है? ···गुप्तचर।

एक सफल प्रशासक के रूप में आपको कुछ व्यक्तिगत लोगों या अधिकारियों की आवश्यकता होती है, जो आपको बताते हैं कि संगठन के अंदर और बाहर क्या चल रहा है। यह जानते हुए कि आपके पीछे क्या चल रहा है, आप तय कर पाएँगे कि आगे क्या करना है। संगठन के बारे में जनता की राय जानना भी महत्त्वपूर्ण है।

□

गुप्तचरों का कर्तव्य

किंवदन्तीं च विदुः ॥

गुप्तचरों को प्रजा में चल रही किंवदंतियों (लोक-साहित्य) को भी जानना चाहिए।

गुप्तचरों की जिम्मेदारी राजा को गुप्त मामलों की जानकारी देना है। जरूरी नहीं कि वह जो कुछ भी सुनता है, वह सच हो। उसी तरह, यदि सूचना सही है, लेकिन राज्य या राजा के साथ उन मामलों का कोई प्रत्यक्ष या अप्रत्यक्ष संबंध नहीं है तो राजा को जानकारी देने का कोई मतलब नहीं है, हालाँकि उसे सतर्क रहना चाहिए और उन अफवाहों को सुनना चाहिए, जो राजा या राज्य से जुड़ी हैं। इसके अलावा, लोगों के बीच कौन सी चर्चा आम है, लोगों का रवैया राजा के प्रति कैसा है, राज्य या राजा के बारे में कैसी-कैसी लोककथाएँ लोगों के बीच प्रचलित हैं, इन सब मामलों की जानकारी राजा को देनी चाहिए, क्योंकि कुछ अफवाहों या लोककथाओं की जड़ें किसी-न-किसी सत्य घटनाओं से जुड़ी हुई होती हैं, इसलिए राजा को भी ऐसी बातों की सच्चाई की पुष्टि करवानी चाहिए। अकसर ऐसी चीजें, जो हम गंभीरता से नहीं लेते हैं, उनके भविष्य में गंभीर परिणाम हो सकते हैं। इसलिए गुप्तचरों को उन तमाम अफवाहों को सुनना चाहिए, जो जनता के बीच में आम हैं और उन्हें राजा को अपनी बुद्धि के अनुसार उपयोगी चीजों को बताना चाहिए।

गुप्तचर, अर्थात् गुप्त बातों को जानने के लिए नियुक्त किया हुआ व्यक्ति, को मात्र सही घटनाओं से ही नहीं, बल्कि अफवाओं से भी अपने मालिक को वाकिफ करवाना चाहिए। गुप्तचर बहुत चतुर, फुर्तीला, दूरदर्शी और सक्षम होना चाहिए। तभी वह सुनी हुई बातों का महत्त्व निर्धारित कर सकेगा। इसके अलावा, वह संयमशील, ईमानदार और निडर होना चाहिए। तभी वह मालिक को सही जानकारी दे पाएगा। अन्यथा, लोगों की बातें मालिक को पहुँचाने के बदले लालच या डर की वजह से मालिक की गुप्त बातों को उजागर कर दे तो उसमें कोई आश्चर्य नहीं होगा। संक्षेप में कहें, तो गुप्तचर का कार्य बाकियों से अलग और अधिक महत्त्वपूर्ण है। यह बात उसे खुद भी ज्ञात होनी चाहिए और वैसे ही उसका व्यवहार होना चाहिए।

□

अंगरक्षक कैसा होना चाहिए

पितृपैतामहं महासम्बन्धानुबन्धं शिक्षितमनुरक्तं कृतकर्माणं जनमासन्नं कुर्वीत, नान्यतो देशीयमकृतार्थमानं स्वदेशीयं वाप्यपकृत्योपगृहीतम्। अन्तर्वंशिकसैन्यं राजानमन्तः पुरं च रक्षेत्॥

चली आ रही परंपरा के अनुसार, केवल शाही परिवार से संबंधित व्यक्ति को ही अपने अंगरक्षक के रूप में नियुक्त किया जाना चाहिए। राजा को विरासत या परंपरागत रूप से राजपरिवार से जुड़े हुए उच्च कुल के शिक्षित व्यक्ति को ही अंगरक्षक के तौर पर नियुक्त करना चाहिए। विदेशी व्यक्ति या विदेशी सेवा से निवृत्त व्यक्ति को भी अंगरक्षक का पद न सौंपें। अंगरक्षकों के अलावा, महल के आंतरिक सुरक्षाकर्मी, अधिकारियों एवं राजा का भी कर्तव्य है कि वे अंत:पुर की रक्षा करें।

आचार्य कहते हैं कि राजा का अंगरक्षक वह होना चाहिए, जिसके पूर्वजों ने राजा के पूर्वजों के अंगरक्षक के रूप में कार्य किया हो, अर्थात् जिसको अंगरक्षक के गुण विरासत में मिले हों, क्योंकि यदि अंगरक्षक नौसिखिया होगा, तो उसे उन गुणों को विकसित करना होगा। दूसरा, जो वंशानुगत रूप से शाही परिवार से जुड़े होंगे, उनको राजा के प्रति वफादारी, निष्ठा और सम्मान की भावना विरासत में ही मिली होगी। नतीजतन, ईमानदारी की उम्मीद की जा सकती है, अन्यथा आप जानते हैं कि इंदिरा गांधी को उनके ही अंगरक्षकों ने मार डाला था।

दूसरा यह है कि अंगरक्षक स्वदेशी होना चाहिए। तभी वह राष्ट्र की परंपरा को जानता होगा, तभी वह राष्ट्र की परंपरा को बनाए रख सकेगा। स्वदेशी अंगरक्षक पारंपरिक रूप से ही राजा, राजा के कुल, राज्य के हितेच्छुओं और शत्रुओं से परिचित होगा। यदि वह उच्च जाति का और शिक्षित होगा, तो समय आने पर वह अपनी बुद्धिमत्ता और कौशल से कोई भी गंभीर निर्णय लेने में सक्षम होगा इसलिए यह भी आवश्यक है कि वह शिक्षित हो। आचार्य आगे कहते हैं कि राजा या राज्य की रक्षा करना केवल अंगरक्षक का नहीं, बल्कि राज्य के प्रत्येक अधिकारी का कर्तव्य है। राजा का भी कर्तव्य है कि वह अपने राज्य के साथ-साथ अपने अंतःपुर की भी रक्षा करे।

अंगरक्षक एक अंग की तरह होना चाहिए। स्वामी का दर्द उसका दर्द होना चाहिए और स्वामी का आनंद उसका आनंद होना चाहिए। यदि स्वामी को आँच भी आए, तो उसे पीड़ा होनी चाहिए। संक्षेप में कहें, तो अंगरक्षक वही है, जो स्वामी को एक अंग की तरह सँभाले।

□

भोजन में सावधानी

गुप्ते देशे माहानसिकः सर्वमास्वादबाहुल्येन कर्म कारयेत्।
तद्राजा तथैव प्रतिभुज्जीत, पूर्वमग्नये वयोभ्यश्च बलिं कृत्वा॥

राजा के मुख्य रसोइए को एक गुप्त स्थान पर ही राजा का भोजन तैयार करना चाहिए। तैयार भोजन को परोसने से पहले उसके स्वाद आदि की समीक्षा करने के लिए उसे चखने के बाद ही भोजन को परोसा जाना चाहिए। यहाँ तक कि राजा को भी अग्नि और पक्षियों को भोग देने के बाद ही भोजन ग्रहण करना चाहिए।

आचार्य ने राजा के मुख्य रसोइए को सलाह दी है कि राजा का भोजन उसे किसी गुप्त स्थान पर बनाना चाहिए, ताकि कोई भी अनजान व्यक्ति या वस्तु वहाँ प्रवेश न कर सके। भोजन तैयार होने के बाद भी, महाराज को उसे चखकर उसके स्वाद आदि की जाँच के बाद ही उसे राजा को परोसना चाहिए। यदि उसमें कोई गड़बड़ी या दोष पाया जाए तो वह भोजन राजा को नहीं परोसा जाना चाहिए। इसी तरह राजा को भी अपना भोजन ग्रहण करने से पहले अग्नि और पक्षियों को भोग देना चाहिए और उसके बाद ही भोजन ग्रहण करना चाहिए। इसके पीछे का कारण यह है कि अगर भोजन में विष होगा तो उसे आग में फेंकने के साथ ही पता चल जाएगा। हो सकता है कि राजा को अग्निपरीक्षण का ज्ञान न हो, तो पक्षी के खाने से तो पता चल ही जाएगा, क्योंकि जहरीला भोजन खाने से पक्षी प्रभावित होगा और उससे राजा को भोजन की हकीकत पता चल जाएगी।

इस प्रकार राजा को भोजन के प्रति भी सचेत रहने की आवश्यकता है, क्योंकि राजा का शत्रु राज्य के बाहर का ही हो, यह आवश्यक नहीं है। राजमहल में भी राजा के शत्रु या शत्रु के भेजे हुए गुप्तचर हो सकते हैं। वह राजा को सीधे नहीं, बल्कि परोक्ष रूप से भोजन, पानी, औषधि, मदिरा आदि में जहर या अन्य तत्त्वों को मिलाकर राजा को मारने का प्रयास कर सकता है। इसलिए आचार्य राजा को छोटी-से-छोटी चीज के प्रति भी सचेत रहने की सलाह देते हैं। (दयानंद सरस्वती को उसके रसोइए ने ही जहर दिया था।)

व्यवसाय में व्यक्ति के जितने मित्र होते हैं, उतने ही शत्रु भी होते हैं। नींद में भी, जिसकी छठी इंद्रिय सतर्क होती है, केवल वही सुरक्षा का हकदार है। सत्ता एक ऐसी चीज है जिसके एक छोर पर शत्रु है, दूसरे छोर पर मित्र और वे दोनों ही चंचल हैं। शत्रु कब मित्र बन जाए और मित्र कब शत्रु—कुछ नहीं कह सकते। सत्ताधीशों को तो खुद अपने आपसे भी सावधान रहना चाहिए।

□

औषध में सावधानी

भिषग्भैषज्यागारादास्वादविशुद्धमौषधं गृहीत्वा
पाचकपोषकाभ्यामात्मना च प्रतिस्वाद्य राज्ञे प्रयच्छेत्।
पानं पानीयं चौषधेन व्याख्यातम्॥

किसी भी औषधि (दवा) को तैयार करने से पहले वैद्य को राजा के सामने उसका (औषधि का) स्वाद चखना चाहिए, थोड़ी बनानेवाले को, परोसनेवाले को भी चखवाना चाहिए। उसके बाद ही (वह औषधि) राजा को दी जानी चाहिए। राजा को दिए जानेवाले पानी और मदिरा का परीक्षण भी इसी तरह किया जाना चाहिए।

जिस प्रकार आचार्य राजा के रसोइए को भोजन का स्वाद चखने के बाद ही उसे परोसने की सलाह देते हैं, उसी प्रकार राजा के चिकित्सक को भी सलाह दी जाती है कि वह कोई भी दवा तैयार करने से पहले उसका स्वाद राजा के सामने चख ले। थोड़ी सी बनानेवाले और परोसनेवाले को भी देनी चाहिए, ताकि अगर दवा के बनानेवाले या परोसनेवाले ने वैद्य की जानकारी के बिना दवा में कुछ मिलाया हो, तो पता चल सके। इतनी परीक्षा के बाद ही औषधि राजा को दी जानी चाहिए, क्योंकि इस तरह की प्रक्रिया से गुजरने के बाद ही दवा की शुद्धता साबित होती है। आगे आचार्य कहते हैं कि राजा को दिया जानेवाला जल और मदिरा भी इसी प्रक्रिया के बाद राजा को दी जानी चाहिए।

संक्षेप में कहें, तो राजा तक पहुँचनेवाली कोई भी चीज जरूरी प्रक्रियाओं

में से गुजरने के बाद ही राजा तक पहुँचनी चाहिए जिससे उन चीजों को सुरक्षित रूप में ही राजा तक पहुँचाया जा सके।

राजा को प्रत्यक्ष रूप से छलना कठिन है, इसलिए इतिहास में देखा गया है कि राजा को छल से उसके ही आदमियों के द्वारा मरवाया गया है। विष के बदले अमृत और अमृत के बदले विष यह राजनीति का एक पुराना खेल है। यह दोनों किसी और को पिलाने के बाद ही पीना चाहिए, यदि कोई उन्हें पीने से इनकार करे तो समझ में आ जाएगा कि दाल में कुछ काला है।

□

व्यक्तिगत लोगों से सावधानी

कल्पकप्रसाधकाः स्नानशुद्धवस्त्रहस्ताः मुद्रमुप-
करणमन्तर्वंशिकहस्तादादाय परिचरेयुः ॥

जो व्यक्ति राजा के बाल काटते हैं, दाढ़ी बनाते हैं, राजा को स्नान करवाते हैं, राजा के गहने बदलते हैं, उन्हें पहले खुद स्नान करके, शुद्ध और स्वच्छ बनकर, और सभी उपकरणों की उचित जाँच के बाद उस पर पवित्रता की मुहर लगने के बाद ही राजा के सामने लेकर जाना चाहिए।

मात्र खानपान या औषधियों के मामलों में ही नहीं, राजा से संबंधित किसी भी कार्य में सावधानी रखनी आवश्यक है। इसलिए आचार्य कहते हैं कि जो व्यक्ति राजा के बाल काटते हैं, दाढ़ी बनाते हैं, राजा को स्नान करवाते हैं या राजा के गहने बदलते हैं, उन सभी सेवकों को पहले खुद स्नान करके, शुद्ध और स्वच्छ बनकर ही राजा के सामने जाना चाहिए, जिनसे उन सेवकों की शारीरिक शुद्धि तो हो ही जाती है, साथ-साथ उनके योग्य दिखाई देने से राजा का मूड और शोभा भी बनी रहती है। इसके अलावा, आचार्य कहते हैं कि उन सेवकों को अपने-अपने उपकरणों का योग्य परीक्षण भी कर लेना चाहिए, ताकि अगर उसमें कुछ गड़बड़ या हेरा-फेरी हुई तो पता चल सके। इतना कुछ करने के बाद भी उन सेवकों को राजा द्वारा प्रमाणित व्यक्तियों से अपने उपकरणों की शुद्धता और योग्यता की जाँच करवाकर जरूरी मुहर लगवाकर ही उन्हें राजा के पास लेकर जाना चाहिए, क्योंकि कहीं ऐसा न हो कि उन चीजों को विषयुक्त बना

दिया गया हो। यदि कोई चीज संक्रामक बीमारीवाले व्यक्ति के माध्यम से पारित होकर आई हो तो वह भी घातक हो सकती है, इसलिए इन सेवकों को अपनी और अपने उपकरणों की शुद्धता साबित होने के बाद ही राजा के सामने जाना चाहिए। आचार्य भी ऐसा मानते थे।

राजा को कुछ बातें अपने सलाहकार या व्यक्तिगत सचिवों को भी नहीं बतानी चाहिए। जब तक सामनेवाली व्यक्ति से परिचित न हो जाए, तब तक एक अच्छे व्यवस्थापक को एक धैर्यवान श्रोता बने रहना चाहिए। कोई भी व्यक्ति कितना भी व्यक्तिगत क्यों न हो, उस पर पूर्ण भरोसा नहीं किया जाना चाहिए। जो व्यक्ति स्थल और समय के अनुसार व्यवहार करता है, उसे कभी पश्चात्ताप नहीं करना पड़ता।

□

यात्रा में सावधानी

निर्याणेऽभियाने च राजमार्गमुभयतः कृतारक्षं दण्डिभिरपास्तं शस्त्रहस्तं प्रव्रजितव्यं गच्छेत्। न पुरुषसम्बाधमवगाहेत्। यात्रासमाजोत्सवप्रवहणानि च दशवर्गिकाधिष्ठितानि गच्छेत्॥

महल में प्रवेश करने या छोड़ने से पहले राजा को यह देखना चाहिए कि राजमार्ग सशस्त्र सैनिकों या सुरक्षाकर्मियों द्वारा सुरक्षित किया गया है या नहीं। राजा के आवागमन के समय कड़ा पहरा होना चाहिए। इतना ही नहीं, राजा के रास्ते से संन्यासियों, अपंगों और भिखारियों को तत्काल हटाया जाना चाहिए। इतना होने के बाद ही राजा को अपनी यात्रा का आरंभ करना चाहिए। न ही उसे (राजा को) पुरुषों की सभा में पहले प्रवेश करना चाहिए। उसे यात्रा, दर्शन, उत्सव या समारोहों में अपने कारवाँ के साथ ही जाना चाहिए।

आचार्य कहते हैं कि राजा को छोटी-से-छोटी बातों का भी खयाल रखना चाहिए। उसे यात्रा के दौरान अपनी सुरक्षा का पूर्ण प्रबंध करने के बाद ही महल से बाहर कदम रखना चाहिए। इसके लिए, सबसे पहले उसे राजमार्ग को दोनों ओर से सशस्त्र सैनिकों के साथ सुरक्षित करवाना चाहिए; उसके बाद कड़ी सुरक्षा के बीच उसे राजमहल से बाहर निकलना चाहिए। उन सभी रास्तों को खाली करवा देना चाहिए, जहाँ से वह गुजरनेवाला हो, जिससे कोई अनिष्ट तत्त्व उस पर हमला न कर सके। संन्यासियों, अपंगों और भिक्षुओं को हटाने

का प्रयोजन यह है कि उनके वेश में शत्रु राजा या उनके गुप्तचर भी हो सकते हैं। शत्रु वेश बदलकर राजा के ऊपर हमला कर दे, इसकी भी संभावनाएँ होती हैं। इसलिए राजा को राजमार्ग पर से वैसे सभी लोगों को तुरंत हटा देना चाहिए। केवल इतना ही नहीं, बल्कि राजा के लोगों को अजनबियों और विदेशियों से भी सावधान रहना चाहिए। यात्रा, दर्शन, त्योहारों या समारोहों में काफी भीड़ होती है। भीड़ में कभी भी कुछ भी हो सकता है, इसलिए ऐसी जगहों पर जाने से पहले राजा को मार्ग खाली करवाकर अपने पूरे काफिले के साथ ही जाना चाहिए।

शासक का कोई शत्रु न हो, ऐसा कैसे हो सकता है? शत्रु हवा के समान होते हैं। वह कभी भी कहीं भी पहुँच सकते हैं। केवल कुत्ते के समान नाकवाला व्यक्ति इसे सूँघ सकता है। शासक को हरेक कदम पर सँभलना पड़ता था। कौन से कदमों पर शत्रु की नजर हो, वह केवल ईश्वर ही जानता है। इसलिए प्रत्येक शासक को घर से बाहर जाने से लेकर वापस लौटने तक किसी भी स्थान पर सुरक्षा सुनिश्चित किए बिना एक कदम भी आगे नहीं बढ़ाना चाहिए।

□

बिना सोचे-समझे कोई कदम न उठाएँ

कः कालः कानि मित्राणि को देशः कौ व्ययाऽऽगमौ।
कश्चाऽहं का च मे शक्तिरिति चिन्त्यं मुहुर्मुहुः॥

समय और परिस्थिति कैसी है? मित्र कैसे हैं? आय और खर्च कितने हैं? मैं कौन हूँ? मेरा सामर्थ्य कितना है? समझदार व्यक्ति को इन छह बातों का चिंतन समय-समय पर करते रहना चाहिए।

जो भी अच्छी शुरुआत करता है, वह आधी लड़ाई जीत जाता है। किसी भी काम को शुरू करने से पहले इन छह बातों पर विशेष ध्यान देना चाहिए। समय और परिस्थितियों को देखते हुए प्रत्येक कार्य शुरू करना चाहिए। कार्य समय की माँग के अनुरूप है या नहीं? किन परिस्थितियों में कार्य सफल होगा? आपके पास काम करने के लिए कितने सहयोगी हैं? आपकी आय और खर्च कितने हैं? 'आमदनी अठन्नी खर्चा रुपया' जैसी स्थिति तो नहीं है? खुद में कितना सामर्थ्य है, किसको कितनी सहायता की है, यह सोचकर खुद को अपने कार्य में कितनी सहायता मिलेगी, उसका भी अंदाजा लगाया जा सकता है। सबसे महत्त्वपूर्ण विचार खुद के सामर्थ्य के बारे में कर लेना चाहिए। जो कार्य आप करने जा रहे हैं, वह करने का सामर्थ्य आपमें है भी या नहीं, इस बात का सही से मूल्यांकन कर लेना चाहिए।

जो व्यक्ति इन सभी चीजों के बारे में सही ढंग से सोचता है, उसे कभी भी असफलता का सामना नहीं करना पड़ता।

बाजार की स्थिति और दिशा को जानकर ही कदम उठाएँ। पूर्ण सत्यापन से पहले किसी को भी अपने व्यक्तिगत सर्कल में प्रवेश करने की अनुमति न दें। हमेशा हिसाब-किताब और खरीद-बिक्री पर नजर रखें। बाजार में आपकी वर्तमान स्थिति कहाँ है? आपकी कंपनी का फैलाव कहाँ तक है? इतना सोचने के बाद ही कोई कदम उठाएँ।

□

लगातार सचेत रहें

आलस्योपहता विद्या परहस्तगताः स्त्रियः।
अल्पबीजं हतं क्षेत्रं हतं सैन्यमनायकम्॥

आलस्य से विद्या का और परपुरुष के संग रहनेवाली स्त्री का नाश हो जाता है। कम बीज बोने से खेत नष्ट हो जाता है और सेनापति के मरने से पूरी सेना की हार हो जाती है।

विद्या प्राप्त करने के लिए मेहनत करनी पड़ती है। जो कड़ी मेहनत करता है, उसी को विद्या हासिल होती है। जो अपने पति को छोड़ अन्य पुरुष के साथ जाती है, उस स्त्री की स्थिति 'धोबी का कुत्ता, न घर का न घाट का' जैसी हो जाती है। न वह अपने पति की रहती है और न कोई और पुरुष उसके साथ ज्यादा समय तक रहता है। जिसने अपने ही पति को छोड़ दिया हो, वह किसी और पुरुष की कैसे हो सकती है? अन्य पुरुष के साथ रंगरलियाँ मनानेवाली स्त्री का अंत में नाश ही होता है। अच्छी फसल प्राप्त करने के लिए खेत में बहुत सारे बीज बोने पड़ते हैं। कुछ बीज बोने से कम फसल ही प्राप्त होती है। जितना बोओगे, उतना ही पाओगे। सेनापति ही सेना का प्रमुख होता है। सेना सेनापति के निर्देशों को ही मानती है। सेना की जीत की जिम्मेदारी सेनापति के ऊपर ही होती है। जिस सेना का सेनापति काबिल होगा, समझो आधी लड़ाई तो उस सेना ने ही जीत ली। युद्ध में किसी भी सेना का पहला लक्ष्य विरोधी सेना

का सेनापति ही होता है। यदि सेनापति मारा जाता है तो सेना दिशाहीन हो जाती है और फिर सेना की पराजय होती है।

आलस्य का इसी क्षण त्याग करें। व्यवसाय की बागडोर किसी और को मत सौंपो। जितना जरूरी हो, उतना निवेश करें। व्यक्तिगत खर्चों में कटौती करें, निवेश पर नहीं। आपके व्यवसाय की पतवार आपके हाथ में है। यदि आप गलती करेंगे तो पूरा जहाज पानी में डूब जाएगा! याद रखें—आप एक सेनापति हैं। आपकी सेना उतने ही कदम चल पाएगी, जितने कदम चलने की आपमें क्षमता होगी।

□

आपका शत्रु भी वह सोच सकता है, जो आप सोच रहे हो

यथा च योगपुरुषैरन्यान् राजाऽधितिष्ठति।
तथाऽयमन्यबाधेभ्यो रक्षेदात्मानमात्मवान्॥

जिस तरह एक राजा अपने गुप्तचरों द्वारा अन्य राजाओं के लिए संकट पैदा कर सकता है, वैसे ही अन्य राजा भी अपने गुप्तचरों द्वारा राजा के लिए संकट पैदा कर सकता है। इस बात को स्वीकार करके राजा को स्वयं भी संभावित खतरों से बचने के लिए सावधान रहना चाहिए।

राजा को इस तथ्य को समझने की जरूरत है कि जैसे वह बुद्धिमान् है, वैसे ही उसका दुश्मन या प्रतिद्वंद्वी राजा भी बुद्धिमान् है। उसको इस बात का खयाल होना चाहिए कि अन्य लोगों के लिए वह जो षड्यंत्र रच सकता है, वही या उससे भी खतरनाक षड्यंत्र दुश्मन राजा उसके लिए रच सकते हैं, इसलिए उसे हर स्थिति या व्यक्ति सावधानीपूर्वक अवलोकन करने के बाद ही निर्णय लेना चाहिए। राजा का संयमित होना बहुत जरूरी है। उसे कभी भी जल्दबाजी में निर्णय नहीं लेना चाहिए। ऐसा करने पर वह दुश्मन के जाल में फँस सकता है, इसलिए हर बात पर पर्याप्त विचार करने के बाद ही कोई कदम उठाना चाहिए। हर पल उसे यह याद रखना होगा कि वह राजा है और उसके साथ वह सबकुछ हो सकता है, जो वह दुश्मन राजाओं के साथ करने की योजना रच रहा है। अगर दुश्मन खुद से ज्यादा बुद्धिमान् है तो वह खुद से भी एक कदम आगे निकल

सकता है। इस बात को ध्यान में रखते हुए राजा को निरंतर चेतनापूर्ण जीवन जीना सीखना चाहिए और अपने रास्ते में आनेवाली हर स्थिति का सामना करने की तैयारी के साथ जीना सीखना चाहिए। जो राजा भविष्य को पढ़ सकता है, वह वर्तमान को सुरक्षित कर सकता है। जो वर्तमान को जीत सकता है, वह भविष्य को जीत सकता है। संक्षेप में कहें तो जो सचेत रह सकते हैं, वही जीत सकते हैं।

जो विचार एक पल में आपके दिमाग में आ सकता है, वही विचार उसी क्षण आपके दुश्मन के दिमाग में भी आ सकता है। आप शत्रु के खिलाफ जो कुछ भी करना चाहते हो या कर रहे हो या कर चुके हो, ठीक वैसा ही आपके साथ भी हो सकता है। यदि आपने अपने शत्रु की नींद में खलल डाला है तो आपको भी जाग्रत् अवस्था में दिन गुजारने पड़ेंगे''यदि शांति से सोना चाहते हो तो किसी को भी सोने से वंचित न करो''सोते हुए दुश्मन आपको सोने का मौका देंगे।

□

अधिकारियों की कसौटी

अमात्यसम्पदोपेताः सर्वाध्यक्षाः शक्तितः कर्मसु नियोज्याः।
कर्मसु चैषां नित्यं परीक्षां कारयेत्, चितानित्यत्वान्मनुष्याणाम्।
अश्वसधर्माणो हि मनुष्या नियुक्ताः कर्मसु विकुर्वते॥

अमात्य के समान गुणोंवाले सभी अध्यक्षों को उनकी योग्यता के अनुसार विभिन्न पदों पर नियुक्त किया जाना चाहिए। नियुक्त अधिकारियों के चरित्र और व्यवहार की समय-समय पर जाँच की जानी चाहिए। क्योंकि इनसान का दिमाग चंचल होता है। कभी-कभी वह स्थिरता खो देता है और अश्व की तरह प्रतिकूल व्यवहार करता है। पद प्राप्त करने के बाद अधिकारियों का व्यवहार भी ऐसा हो जाता है।

आचार्य चाणक्य कहते हैं—अमात्य के समान गुणों के सभी अध्यक्षों को उनकी योग्यता या शैक्षणिक और अन्य योग्यता के अनुसार विभिन्न पदों पर नियुक्त करने के बाद, राजा को समय-समय पर अर्थात् अंतर-दिन, उनकी दक्षता, ईमानदारी, निष्ठा का परीक्षण करते रहना चाहिए, क्योंकि जैसे एक अश्व को रथ के साथ बाँधने के बाद वह चंचल हो जाता है, इधर-उधर होने लगता है, ठीक उसी प्रकार एक अधिकारी उच्च पद पर नियुक्त होने के बाद चंचल हो सकता है। वह अपनी कार्यनिष्ठा भूलकर, लांचरीश्वत या कामचोरी के रास्ते पर चल सकता है। संक्षेप में कहें, तो जब तक उसे नियंत्रित किया जाता है, तब तक वह सीधा रहता है। अगर आप रस्सी को थोड़ा ढीला कर दें और वह फिर

से उछलकूद करने लगे तो कोई आश्चर्य नहीं होगा। इसलिए राजा को अपने सारे कर्मचारियों (मंत्री से लेकर सामान्य सैनिक तक) को निरंतर अपने निरीक्षण और परीक्षण में रखना चाहिए।

अनुरूप गुणोंवाले कर्मचारी या प्रबंधक के सत्ता सँभालने के बाद उसको मिला पद और प्रतिष्ठा उसमें क्या बदलाव लाएँगे, कुछ नहीं कह सकते! मानव मन पल-पल बदलता है। एक ही व्यक्ति के क्षण से पहले और क्षण के बाद के व्यवहार में भारी अंतर हो सकता है, इसलिए हर व्यक्ति का हर पल पुनर्मूल्यांकन, निरीक्षण और परीक्षण किया जाना चाहिए।

□

मर्यादाओं को जानो

यथा ह्यनास्वादयितुं न शक्यं जिह्वातलस्थं मधु वा विषं वा।
अर्थस्तथा ह्यर्थचरेण राज्ञः स्वल्पोऽप्यनास्वादयितुं न शक्यः॥

जिस तरह जीभ पर रखे हुए शहद या जहर का स्वाद जीभ बिना लिये नहीं रह सकती, उसी तरह वित्तीय विभागों को सँभालनेवाले अधिकारी और कर्मचारी थोड़ा बहुत उपद्रव तो करते ही हैं। इस तथ्य को ध्यान में रखा जाना चाहिए।

कुछ चीजें हैं, जो अदृश्य होते हुए भी मौजूद होती हैं। सवाल इतना ही है कि हम इसे साबित नहीं कर सकते। आचार्य का कहना है कि राज्य प्रणाली में शामिल अधिकारी कुछ-न-कुछ हद तक भ्रष्ट होते ही हैं। यह बताते हुए वह शहद और जहर का उदाहरण देते हुए कहते हैं कि जीभ पर डाले गए जहर या शहद का स्वाद जीभ बिना लिये नहीं रह सकती। इसी तरह, अधिकारी के हाथों से होनेवाले बड़े वित्तीय व्यवहारों में थोड़ा-बहुत पैसा तो चुराया ही जाता है। हालाँकि कुछ अधिकारी ऐसे भी होते हैं, जो काफी ईमानदार और निष्ठावान होते हैं, लेकिन सब ऐसे नहीं होते…

मनुष्य की सबसे बड़ी सीमा उसका स्वभाव है। दुनिया में सबकुछ काफी हद तक बदला जा सकता है, लेकिन प्रकृति…! मनुष्य में कुछ-न-कुछ हद तक लालच और स्वार्थ होते ही हैं। आखिरकार, वह एक मनुष्य है और हर मनुष्य की एक सीमा होती है। यह मामला प्रशासन में बहुत महत्त्वपूर्ण है। इस तथ्य से अवगत रहें कि कर्मचारियों में थोड़े-बहुत तो भ्रष्ट भी होंगे ही। □

मछली जैसे अधिकारी

मत्स्या यथान्तःसलिले चरन्तो ज्ञातुं न शक्याः सलिलं पिबन्तः।
युक्तास्तथा कार्यविधौ नियुक्ता ज्ञातुं न शक्या धनमाददानाः॥

जिस प्रकार पानी में रहनेवाली मछली पानी पीते हुए नहीं दिखती, ठीक उसी प्रकार अपने पद पर नियुक्त हुए अधिकारी राज्य के धन की चोरी करते हैं, फिर भी पता नहीं चलता।

आचार्य यह स्पष्ट करते हैं कि कोई भी पदाधिकारी अपने पद का थोड़ा-बहुत लाभ तो उठाता ही है। राज्य तंत्र काफी विशाल होता है। इसके अलावा, हर किसी का काम अलग होता है। सबके क्षेत्र अलग होते हैं। इस सबमें यह जानना मुश्किल है कि कौन क्या कर रहा है। संक्षेप में कहें, तो यह एक सच्चाई है, जिसे हर कोई जानता है। लेकिन कोई भी किसी पर आरोप नहीं लगा सकता, क्योंकि किसी को तब तक अपराधी नहीं कहा जा सकता, जब तक वह पकड़ा नहीं जाता।

जो हवा हमारा जीवन है, हम उसे नग्न आँखों से नहीं देख सकते, लेकिन उसे महसूस कर सकते हैं, ठीक वैसे ही धन कहाँ गया, इस बात का पता नहीं चलता, लेकिन कितना धन कम हुआ है, यह समझा जा सकता है। यदि सटीक आँकड़ों में नहीं, तो घोटालों की अनुमानित राशि का अनुमान तो लगाया ही जा सकता है। एक घटना, जिसका अनुमान लगाया जा सकता है, उसे सचेत रूप से सिद्ध भी किया जा

सकता है। जरूरत है केवल चेतना की। यहाँ तक कि हवा, जिसे हम देख नहीं सकते या पकड़ नहीं सकते, उसे गुब्बारे में कैद किया जा सकता है तो एक भ्रष्ट अधिकारी को हिरासत में क्यों नहीं लिया जा सकता? बेशक, भ्रष्टाचार का संपूर्ण नाश करना मुश्किल है। प्रणाली में छोटा-मोटा लेनदेन भी चलता ही रहता है और न्योछावरखोरी भी होती ही है। किसी भी प्रणाली का शतप्रतिशत भ्रष्टाचारमुक्त होना असंभव है। It is a universal fact. (यह एक सार्वभौमिक तथ्य है।)

□

आवश्यकता खत्म तो वेद भी शत्रु

निर्धनं पुरुषं वेश्या प्रजा भग्नं नृपं त्यजेत्।
खगा वीतफलं वृक्षं भुक्त्वा चाऽभ्यागता गृहम्॥

गरीब आदमी को वेश्या, कमजोर राजा को प्रजा और फलहीन पेड़ों को पक्षी छोड़ देते हैं। उसी तरह मेहमान भोजन के बाद मेजबान के घर को छोड़ देते हैं।

कहा जाता है कि मनुष्य के बीच संबंध की गाँठ एक स्वार्थ के कारण बनती है और स्वार्थ के संतुष्ट होने के बाद उस गाँठ का मोड़ धीरे-धीरे छूटता जाता है। एक वेश्या केवल पैसे के लिए एक पुरुष के साथ रहती है। यदि वह पुरुष गरीब हो जाता है तो वह वेश्या को पैसे नहीं दे सकेगा। वेश्या ऐसे गरीब पुरुष को छोड़ देती है और एक नया ग्राहक ढूँढ़ लेती है।

राजा, जो लोगों को सुख, शांति और समृद्धि देता है, वह लोकप्रिय हो जाता है और लोग उसके शासन में रहना पसंद करते हैं; लेकिन एक कमजोर राजा के शासन में लोगों को गरीबी और अपमान के अलावा कुछ नहीं मिलता, उनकी सुरक्षा छीन ली जाती है और समाज बिखर जाता है। लोग ऐसे शक्तिहीन राजा की छत्रच्छाया में रहना पसंद नहीं करते हैं और वे राजा को छोड़ देते हैं।

पक्षियों का स्वभाव प्रजा जैसा ही होता है। फलोंवाला पेड़ पक्षियों को रोटी और मकान दोनों देता है, लेकिन एक मुरझाया वृक्ष न तो फल देता है और न ही घोंसला बनाने के लिए शाखाएँ। इस प्रकार के सूखे और फलहीन पेड़ को पक्षियों द्वारा छोड़ दिया जाता है।

प्रजा और पक्षी की तरह मेहमान भी भोजन के बाद मेजबान के घर को छोड़ देते हैं।

दुनिया में कोई भी कमजोर और बेकार व्यक्ति के साथ चलने को तैयार नहीं है इसलिए आप खुद को शक्तिशाली रूप में स्थापित करें, एक प्रशासक के रूप में अपनी उम्दा छाप स्थापित करें। कर्मचारियों का विश्वास जीतें। आपसे जुड़े हर व्यक्ति को आप पर पूरा भरोसा होना चाहिए। जिस क्षण आप उनका विश्वास खो देंगे, वह आपके पतन का पहला क्षण होगा। जब तक दीपक में तेल है, तब तक वह जलता रहेगा, बाद में अपने आप बुझ जाएगा।

□

आपदा में क्या करें ?

आपदि सारमात्मानं वा मोक्षयेत्।
आत्मनो वा भूमिमप्राप्तः सर्वदेयविशुद्धं व्यवहरेत्॥

विदेश (अन्य क्षेत्र) में व्यापार करते समय अचानक संकट की स्थिति आ जाए, तो व्यापारी को रत्नों आदि और खुद की रक्षा करनी चाहिए। जहाँ दोनों की रक्षा करना संभव न हो तो ऐसी स्थिति में जीवन को बचाने के लिए वहाँ से बाहर निकलें और अपने देश पहुँचें और वहाँ के सभी करों का भुगतान करें और औपचारिक रूप से व्यवसाय को सँभालें।

आचार्य विदेश में व्यापार करनेवाले व्यापारियों को सलाह देते हैं कि विदेश में व्यापार करते समय किसी भी विपत्ति की स्थिति में उन्हें सबसे पहले अपने जीवन और रत्नों आदि मूल्यवान वस्तुओं को बचाना चाहिए। यदि परिस्थितियाँ अधिक कठिन हों और जीवन को भी खतरा हो तो ऐसी स्थिति में उसे अपने जीवन को ज्यादा महत्त्व देना चाहिए और सबकुछ छोड़कर अपनी जान बचाकर वहाँ से निकल जाना चाहिए। सही-सलामत अपने देश में पहुँचकर वहाँ के सारे कर इत्यादि का भुगतान करके, स्वदेश में ही औपचारिक रूप से व्यापार सँभालना चाहिए।

संक्षेप में कहें, तो जीवन से अधिक मूल्यवान कुछ भी नहीं है। जहाँ जीवन पर संकट हो, वहाँ किसी और चीज को महत्त्व न देकर उसी क्षण उस स्थान का त्याग करना चाहिए और किसी ऐसे स्थान पर पहुँच जाना चाहिए, जहाँ सुरक्षा की पूर्ण व्यवस्था हो।

व्यापारी को हर पल व्यापार को महत्त्व देना चाहिए। दोनों तरफ सँभलकर चलें। केवल लाभ और हानि का विचार करके ही विनिमय करें। न केवल व्यापार में, बल्कि जीवन में भी छल से बचना चाहिए। दुनिया में सबसे मूल्यवान चीज जीवन है। जीवन से ज्यादा मूल्यवान कुछ भी नहीं है। यदि जीवन है तो एक नई दुनिया बनाई जा सकती है। यदि जीवन ही नहीं रहेगा तो इस जगत् का सबकुछ एक क्षण में ही छूट जाएगा, इसलिए विपत्ति के समय जीवन को ही महत्त्व देना चाहिए। यहाँ तक कि भगवान् कृष्ण ने भी विपत्ति के समय किसी भी तरह से जीवन को बचाने का महत्त्व दरशाया है; उस समय सभी सिद्धांतों को भूल जाने की बात कही है।

□

व्यापार करते समय ध्यान रखने योग्य बातें

वारिपथे च यानभाटकपथ्यदानपण्यप्रतिपण्यं
प्रामाण्यात्रिकालभयप्रतीकारपण्यपतनचारित्राण्युपलभेत् ॥

व्यापारी, जो पानी के रास्ते से व्यापार करता है, उसे—

- नाव का किराया,
- रास्ते में खाने-पीने पर होनेवाले खर्च,
- खरीदी और बिक्री की वस्तुओं के बीच मूल्य की अवधारणा,
- यात्रा के लिए उपयुक्त समय और समय-सीमा,
- चोरों और लुटेरों से बचने के तरीके,
- जिस प्रदेश में व्यापार के लिए जाना है, वहाँ के लोगों का व्यवहार,

इतने पहलुओं की जानकारी प्राप्त करने के बाद ही व्यापार के लिए जाना चाहिए।

व्यापारी व्यापार क्यों करता है? लाभ कमाने के लिए। और लाभ कब मिलता है? जब हरेक पहलुओं पर विचार किया जाता है, तब…जो व्यापारी वस्तु की लागत और उपयुक्तता पर विचार किए बिना व्यापार करने लगता है, उसे केवल आपदाओं का सामना करना पड़ता है।

यदि बिना सोचे-समझे व्यापार किया जाए, तो वस्तु को बेचने की लागत ही होनेवाले लाभ से अधिक हो सकती है। ऐसी परिस्थितियों में लाभ के बदले हानि हो जाए, तो भी कोई आश्चर्य नहीं होगा। इसलिए कोई भी व्यापारी हो, उसे आचार्य द्वारा सूचित उपर्युक्त पहलुओं के बारे में जरूर सोचना चाहिए। चाणक्य कितने प्रैक्टिकल थे, वह इस बात से भी समझा जा सकता है कि आज भी उनकी बताई बातों का उतना ही महत्त्व है।

□

धोखेबाज दोस्तों से दूर रहें

परोक्षे कार्यहन्तारं प्रत्यक्षे प्रियवादिनम्।
वर्जयेत्तादृशं मित्रं विषकुम्भं पयोमुखम्॥

ऐसे दोस्त, जो आपके सामने आपके कर्मों की प्रशंसा करते हैं और आपके पीछे आपके काम बिगाड़ते हैं, ऐसे दोस्त ऊपर से दूध की तरह दिखते हैं, पर अंदर से वह विष के समान होते हैं। उन्हें त्यागने में ही भलाई है।

यदि विष से भरे बरतन में दूध मिला दिया जाए तो क्या वह दूध से भरा बरतन हो जाएगा ? नहीं, वह विष से भरा बरतन ही रहेगा। कई लोग इस विष से भरे बरतन के समान होते हैं। वह आपके सामने आपके काम की तारीफ करते नहीं थकते, लेकिन आपकी अनुपस्थिति में वह आपके काम बिगाड़ने में कोई कसर नहीं छोड़ते। 'मुख में राम बगल में छुरी' जैसे इन मित्रों का त्याग करने में ही आपकी भलाई है। ऐसे मित्र असल में शत्रु समान हैं।

मात्र अपनी उपस्थिति में किए हुए व्यवहार से किसी मित्र की पहचान न करें। अपनी अनुपस्थिति में हुए व्यवहार पर भी नजर रखें। एक व्यक्ति के हजार चेहरे होते हैं। आप तभी अजेय होंगे, जब आप प्रत्येक चेहरे को पहचानने की शक्ति विकसित करेंगे। समय रहते दोस्त की आड़ में छुपे दुश्मन की पहचान करना और उनसे एक सुरक्षित दूरी बनाए रखना महत्त्वपूर्ण है।

□

किसी भी मित्र पर पूर्ण विश्वास न करें

न विश्वसेत् कुमित्रे चामित्रे चाऽपि न विश्वसेत्।
कदाचित् कुपितं मित्रं सर्वं गुह्यं प्रकाशयेत्॥

जो शत्रु है, उस पर विश्वास न करें और जो मित्र है, उस पर भी विश्वास न करें। कभी-कभी कोई मित्र भी क्रोधित अवस्था में आपके रहस्यों को उजागर कर सकता है।

चाणक्य राजनीतिज्ञ हैं। राजनीति में तो एक दोस्त को भी संदेह की दृष्टि से देखा जाता है इसलिए दोस्त या दुश्मन किसी पर भरोसा न करने की बात कही गई है।

जो भरोसेमंद नहीं, जो एक चुगलखोर है, जो स्वार्थी है, जो दुष्ट है, ऐसे दुर्जन मित्र पर कभी भी भरोसा न करें। कुछ बातें ऐसी होती हैं, जो अपने खास मित्र को भी नहीं बतानी चाहिए। क्रोध में मनुष्य चेतना खो देता है। उसे अच्छे-बुरे की समझ नहीं रहती। कभी-कभी गुस्से में आपका मित्र भी आपकी गुप्त बातों को उजागर कर सकता है। कभी-कभी वह आपके रहस्यों को उजागर करने की धमकी देकर आपसे कोई अनुचित कार्य भी करवा सकता है इसलिए कुछ खास बातें गुप्त रखें।

व्यक्ति का मन जादूगर के पिटारे जैसा होता है'' उसमें कहाँ से, कब और क्या निकले, कुछ नहीं कह सकते। हमारी व्यक्तिगत चीजें हमारी व्यक्तिगत पूँजी हैं। अपने प्राण के समान उनका खयाल रखें। उसे कहीं भी उजागर न करें, वरना कभी पछताने का समय आएगा। व्यवसाय में तो खास'' कभी भी किसी पर विश्वास न करें। कौन, कब, किस तरीके से धोखा दे जाए, कुछ नहीं कह सकते। अपनी आँखों और कानों को खुला रखें, किसी को भी अपना 'पेट' न दें!

□

सुरक्षा के महत्त्व को समझें

नदीतीरे च ये वृक्षाः परगेहेषु कामिनी।
मन्त्रिहीनाश्च राजानः शीघ्रं नश्यन्त्यसंशयम्॥

बहती हुई नदी के किनारे विकसित हुआ वृक्ष, पराए घर में रहती स्त्री, एक राजा जिसका कोई मंत्री और सलाहकार न हो, इन सबका नाश जल्दी होता है।

सुरक्षा, स्वतंत्रता और उचित मार्गदर्शन से खुशी, शांति और समृद्धि आती है। अनिश्चितता विनाश की ओर ले जाती है। नदी में कभी भी बाढ़ आ सकती है। ऐसी नदी के किनारे विकसित पेड़ कभी भी डूब सकते हैं और नष्ट हो सकते हैं। आत्मसम्मान और चरित्र मनुष्य के आभूषण हैं। पराए घर में रहनेवाली स्त्री का न तो मान-सम्मान रहता है और न ही चरित्र। पराधीन स्त्री को अपने स्वामी के अधीन ही रहना पड़ता है। उसके चरित्र पर लोग जल्दी संदेह करते हैं और उसका विनाश होता है। उसी तरह, एक राजा जो मनमानी करता है, जो विद्वानों की सलाह नहीं लेता है और जिसके पास उचित मार्गदर्शन के लिए मंत्री या सलाहकार नहीं हैं, वह जल्दी नष्ट हो जाता है।

जिस स्थान, व्यक्ति या वातावरण पर आपका नियंत्रण न हो, वहाँ से एक क्षण का भी विलंब किए बिना निकल जाना चाहिए, उसी में आपकी भलाई है। हवा के रुख के सामने सफर करना पतन की पहली निशानी है। इसलिए व्यवसाय का स्थान ऐसा चुनें, जहाँ सलामती हो। उन क्षेत्रों से दूर रहें, जहाँ अकसर दंगे या हमले होते

हैं। भ्रष्ट व्यक्ति के साथ साझेदारी न करें, अन्यथा लोग आपकी ईमानदारी पर भी संदेह करेंगे। इसके अलावा, कोई भी काररवाई करने से पहले अपने सचिव या प्रबंधक से सलाह लें। अलग-अलग विषयों के विशेषज्ञों की सलाह लें। उनके साथ विचार-विमर्श करें। अच्छे और बुरे दोनों पहलुओं की जाँच के बाद ही काररवाई करें। याद रखें—अंतिम निर्णय आपको ही लेना है।

□

राजनेता और पुलिस विभाग को नौ गज की दूरी से नमस्ते करें

नखिनां च नदीनां च शृंगिणां शस्त्रपाणिनाम्॥
विश्वासो नैव कर्तव्यः स्त्रीषु राजकुलेषु च॥

लंबे नाखूनवाले जानवर, नदियाँ, विशाल सींगवाले जानवर, हथियारबंद लोग, स्त्री और शाही परिवार—इन छह पर कभी भरोसा नहीं करना चाहिए।

लंबे नाखूनवाले हिंसक जानवर जैसे कि शेर, बाघ, भालू आदि स्वाभाविक रूप से ही आक्रामक होते हैं। किसी भी क्षण आप पर हमला कर सकते हैं। उसी तरह, विशाल सींगवाले जानवर और शस्त्रधारी लोग भी भरोसे के लायक नहीं होते, क्योंकि वे जुनून में आकर कभी भी आक्रमण कर सकते हैं। यह सब स्पष्ट रूप से खतरनाक है। नदी के प्रवाह और उसकी गहराई के बारे में कोई भी पूरी तरह से सटीक जानकारी नहीं दे सकता। चूँकि ये दोनों चीजें निश्चित समय पर बदलती हैं, इसलिए निश्चित धारणा बनाना संभव नहीं है। अत: आपको नदी पार करने से पहले लगातार सतर्क रहना चाहिए। आचार्य चाणक्य स्त्रियों और शाही परिवारों पर आसानी से विश्वास न करने की सलाह भी देते हैं। उनके अनुसार, अधिकांश स्त्रियों की कथनी और करनी में बड़ा अंतर होता है। एक स्त्री की सलाह को स्वीकार करने से पहले, पुरुष को सभी पहलुओं पर विचार करना चाहिए और फिर इसे लागू करना चाहिए। उसी तरह, शाही परिवार के अधिकांश सदस्यों के मन में केवल एक ही लक्ष्य होता है। वे केवल सिंहासन प्राप्त करने में

रुचि रखते हैं। उनका रिश्ता स्वार्थ पर आधारित होता है और वे हमेशा राजनीति में ही खोए रहते हैं। यदि आप शाही परिवार के सदस्यों के साथ संबंध बनाए रखने में सावधान नहीं हैं तो आप किसी भी समय उनकी राजनीति का शिकार हो सकते हैं।

अगर आप व्यवसायी हैं तो व्यवसाय करें। राजनीति में दखल न दें। हालाँकि एक व्यवसायी के रूप में यदि आपको राज्य के किसी काम में एक अनिवार्य भूमिका निभानी पड़े, तो अपनी भूमिका निभाएँ और बाद में अपना रास्ता चतुराई से खोज लें। आपको वह मुहावरा तो याद ही होगा, 'राजा, वाजा और बंदर किसी के नहीं हुए, और होंगे भी नहीं', इसी तरह पुलिस विभाग और लश्कर के अधिकारियों से भी दूर ही रहना चाहिए। स्त्री का सौंदर्य कब खतरनाक साबित हो, कुछ कह नहीं सकते। इस मुद्दे पर सावधान नहीं रहनेवालों की दुर्दशा जग-जाहिर है।

□

भाई किसे कहते हैं?

आतुरे व्यसने प्राप्ते दुर्भिक्षे शत्रु-संकटे।
राजद्वारे श्मशाने च यस्तिष्ठति स बान्धवः॥

बीमारी के दुःखद समय पर, अकाल के वक्त, जब शत्रु कोई समस्या पैदा करे, तब; राज्यसभा, श्मशान या मृत्यु के समय जो व्यक्ति साथ न छोड़े, हकीकत में वह ही सच्चा भाई है।

व्यक्ति जब बीमार या दुःखी हो, अकाल की स्थिति हो या दुश्मन की ओर से कोई समस्या पैदा हुई हो या फिर किसी मामले में फँसे हुए व्यक्ति को सूचना देनेवाला बचा ले। कानूनी आपत्तियों के समय और मृत्यु के समय श्मशान घाट पर जो अपनी हाजिरी दे, वही सच्चा भाई होता है। ये सब परिस्थितियाँ ऐसी होती हैं, जब मदद की सबसे ज्यादा जरूरत होती है।

सच्चे भाई को जानो और सच्चे भाई बनो, क्योंकि चाहे वह मामला घर का हो, परिवार का हो, व्यवसाय या किसी और बात का हो, आपके भाई-बहन जाने-अनजाने में उनसे जुड़े हुए होते हैं। आपके विकास के हर चरण में कहीं-न-कहीं आपके भाई-बहन आपकी उन्नति या आपके पतन का एक अदृश्य हिस्सा होते हैं। इसलिए उन पर नजर रखें, ताकि वे आपको या आप उनको नुकसान न पहुँचाएँ।

□

शेर से इतना सीखें

प्रवृत्तं कार्यमल्पं वा यन्नरः कर्तुमिच्छति।
सर्वारम्भेण तत्कार्यं सिंहादेकं प्रचक्षते॥

मनुष्य जिस भी छोटे-मोटे कार्य का प्रारंभ करता है, उसमें उसको शुरुआत से लेकर अंत तक पूर्ण शक्ति लगा देनी चाहिए। यह गुण हमें शेर द्वारा अपनाना चाहिए।

शेर अपनी सारी ऊर्जा, जो कुछ भी करता है, उसमें लगा देता है। जब वह शिकार करता है, तब उसका पूरा ध्यान अपने शिकार पर ही केंद्रित होता है और वह अपनी तमाम शक्ति शिकार पर आक्रमण करने में लगा देता है। मनुष्य को भी शेर की तरह अपने हरेक कार्य में अपनी तमाम शक्तियों का उपयोग करके सफलता हासिल करनी चाहिए। अपना कार्य पूर्ण करने के लिए एक व्यक्ति को शेर की तरह आक्रामकता का प्रदर्शन करना चाहिए।

आपकी एकाग्रता ही आपका हथियार है, लेकिन हाँ, अकेली एकाग्रता से कुछ नहीं मिलेगा। एकाग्रता के साथ शुरू किए गए कार्य को आकार देने के लिए भी जबरदस्त आत्मविश्वास की आवश्यकता होती है। अगर कोई भी एकाग्रता, आक्रामकता और दृढ़ता के पूर्ण गणित के साथ काम करता है तो सफलता उसके कदम जरूर चूमेगी।

□

बगुले से इतना सीखें

इन्द्रियाणि च संयम्य बकवत् पण्डितो नरः।
देशकालबलं ज्ञात्वा सर्वकार्याणि साधयेत्॥

एक बगुले की तरह इंद्रियों को वश में करके देश, काल और बल को जानकर विदुरों को अपना कार्य सफलतापूर्वक करना चाहिए।

बगुले सबकुछ भूलकर सिर्फ मछली पर अपना ध्यान केंद्रित करते हैं और जब भी मौका मिलता है, उसका शिकार करते हैं। मनुष्य को कार्य करते समय अपनी सभी इंद्रियों पर ध्यान केंद्रित करना चाहिए। उसका पूरा ध्यान इस बात पर होना चाहिए कि काम को कैसे सफल किया जाए? कौन सा कार्य कहाँ करने योग्य है? कार्य करने के लिए कौन सा समय और परिस्थितियाँ अनुकूल हैं? इन प्रश्नों का विचार करके हमें उन पर ध्यान केंद्रित करना चाहिए।

आप क्या करना चाहते हैं, कहाँ करना है, कब करना है, यह तय करके दुनिया को भूल जाइए। आप जो चाहते हैं, उसे पाने के बाद ही दुनिया में लौटें, अर्थात् लक्ष्य प्राप्त होने तक विचलित न हों। जैसे अर्जुन केवल मछली की आँख देख सकते थे, ठीक वैसे ही हमें भी केवल अपना लक्ष्य देखना चाहिए। इसके बाद ही निर्धारित लक्ष्य को लक्षित किया जा सकता है।

□

मुरगे से इतना सीखें

प्रत्युत्थानं च युद्धं च संविभागं च बन्धुषु।
स्वयमाक्रम्य भुक्तं च शिक्षेच्चत्वारि कुक्कुटात्॥

समय पर जागना, हमेशा युद्ध के लिए तैयार रहना, अपने भाइयों को भगा देना और उनके हिस्से का खा जाना—ये चार ऐसे गुण हैं, जिन्हें मनुष्य को एक मुरगे से अपनाना चाहिए।

यह चार गुण मुरगे से सीखने जैसे हैं। मुरगा समय पर उठता है। वह इसमें कभी भी आलस नहीं दिखाता। इनसान को भी हमेशा समय पर जाग जाना चाहिए। मुरगे की तरह लगातार लड़ने के लिए तैयार रहना चाहिए। जीवन एक लड़ाई है और केवल एक लड़ाकू की तरह लड़ने से ही कोई भी जीवित रह सकता है और सफल हो सकता है।

इसके अलावा, मुरगा अपने ही भाइयों को भगा देता है और उनका भोजन भी खुद ही खा जाता है। एक ही व्यवसाय करनेवाले भाइयों में से जो ताकतवर होगा, वह ही टिक पाएगा। अधिकतर व्यवसाय में यह बात लागू होती है। यदि दो भाई एक ही व्यवसाय में हैं तो स्वस्थ रूप से प्रतिस्पर्धा करने में संकोच न करें।

शुरुआत आप करें। हमेशा प्रतियोगिता के लिए तैयार रहें। रिश्तों को उपलब्धि पर हावी न होने दें। भावनाओं में न बहक जाएँ। खुद को केंद्र में रखें। मंजिल आपके सामने ही है।

□

कौवे से इतना सीखें

गूढ़मैथुनचारित्वं च काले काले च संग्रहम्।
अप्रमत्तमविश्वासं पञ्च शिक्षेच्च वायसात्॥

गुप्त रूप से मैथुन करना, समय-समय पर कुछ चीजों का संग्रह करना, लगातार सतर्क रहना, किसी पर पूरी तरह से भरोसा नहीं करना और शोर करके सबको इकट्ठा करना—यह ऐसे पाँच गुण हैं, जिन्हें कौवे से सीखना चाहिए।

जरूरत पड़ने पर व्यक्ति को कौवे की तरह भी कुछ काम करना चाहिए। सार्वजनिक रूप से मैथुन नहीं किया जाना चाहिए। वह एक व्यक्तिगत मामला है। एक कौवे की तरह निजी रूप से मैथुन करें। एक कौवा समय-समय पर कुछ चीजें अपने घोंसले में जमा करता रहता है। उसी तरह, मनुष्य को भी भविष्य में चीजों की उपयोगिता को ध्यान में रखकर उनका संग्रह करना चाहिए।

कौवे की तरह किसी भी व्यक्ति पर पूर्ण विश्वास नहीं करना चाहिए। मनुष्य को कौवे की तरह हमेशा सजग रहना चाहिए। सतर्क पुरुष हमेशा खुश रहता है; इतना ही नहीं, इनसानों को भी जरूरत पड़ने पर कौवों की तरह शोर मचाना सीखना चाहिए। कौवे काँव-काँव करके अपनी पूरी सेना को इकट्ठा कर लेते हैं। इसी तरह संकट के समय में एक इनसान को चिल्ला-चिल्लाकर अपने मित्रों का आह्वान करना चाहिए।

व्यापारिक रहस्यों को गुप्त रखें। धन का संग्रह करें। प्रतिस्पर्धियों से सावधान रहें। झूठी मान्यताओं के बारे में न सोचें। एक मजबूत संगठन का निर्माण करें। अगर आप कौवे की तरह सतर्क रहेंगे तो पछताना नहीं पड़ेगा। □

कुत्ते से इतना सीखें

बह्वाशी स्वल्पसन्तुष्टः सुनिद्रो लघुचेतनः।
स्वामिभक्तश्च शूरश्च षडेते श्वानतो गुणाः॥

जब भोजन उपलब्ध हो तो भरपेट खाना और जब भोजन उपलब्ध न हो तो थोड़े भोजन से संतुष्ट होना। नींद अच्छी लेना, लेकिन थोड़ी सी आवाज से जाग जाना, स्वामी के प्रति पूर्ण निष्ठा दिखाना और लड़ने से नहीं डरना—ये छह गुण हैं, जो एक व्यक्ति को कुत्ते से सीखने चाहिए।

एक कुत्ते से ये छह गुण इनसान को सीखना चाहिए। जब उसे भोजन मिलता है, तब वह भरपेट खा लेता है, लेकिन कम भोजन मिलने पर वह उसमें भी संतुष्ट रहता है। एक इनसान को भी जब खाना मिले, तब खा लेना चाहिए, पर समय और संयोगों को देखकर खाना चाहिए। जब कम भोजन मिले, तब थोड़े से भोजन से भी संतुष्ट होकर अपनी भूख को नियंत्रण में रखना चाहिए। कुत्ता स्वामिभक्ति के लिए जाना जाता है। वह किसी भी चुनौती को लेने के लिए तैयार रहता है। वह निर्भय होता है। यह कुछ ऐसे गुण हैं, जो मनुष्य को अपने जीवन में उतारने चाहिए।

समय को पहचानकर चलें। सीजन में अच्छे से कारोबार करें। ऑफ सीजन में योजना बनाएँ। संयम बनाए रखें। हमेशा सतर्क रहें। बॉस के प्रति पूर्ण निष्ठा दिखाएँ; सीधे लोगों के साथ अच्छे से व्यवहार करें, टेढ़े लोगों को सीधा करें"जो गलत है, उसे सहन करने की जरूरत नहीं है। अपनी बात पर टिके रहें। □

एक इनसान के लिए कुछ भी असंभव नहीं है

को हि भारः समर्थानां किं दूरं व्यवसायिनाम्।
को विदेशः सविद्यानां कः परः प्रियवादिनाम्॥

एक सक्षम और शक्तिशाली इनसान के लिए कोई भी काम मुश्किल नहीं है, व्यापारियों के लिए कोई जगह दूर नहीं है। विदुरों के लिए कोई भी देश परदेश नहीं है और एक ऐसे व्यक्ति के लिए कोई पराया नहीं है, जिसकी आवाज मधुर है।

समर्थ व्यक्ति के लिए कोई भी कार्य कठिन नहीं है। वह अपने सामर्थ्य से कोई भी काम कर सकता है। अपने मजबूत मनोबल के साथ वह सभी बाधाओं को पार कर लेता है और अपने लक्ष्य को प्राप्त कर लेता है।

एक सच्चा व्यापारी किसी भी स्थान पर व्यापार करने के लिए तैयार रहता है। वह सात समुंदर पार भी व्यापार करने में समर्थ होता है। उसके लिए कोई भी स्थान दूर नहीं होता।

विदुरों के लिए देश या परदेश जैसा कुछ नहीं होता। वे किसी भी जगह पर अपने अनुकूल परिस्थितियाँ बना लेते हैं। उसी तरह जिनकी वाणी मधुर होती है, वे सबका दिल जीत लेते हैं। उनके लिए तो सब अपने ही होते हैं।

आप एक व्यापारी हैं। आपका बाजार पूरी दुनिया है। अपने लक्ष्य को पूरा करने के लिए आपको किसी भी समय, कहीं भी, किसी भी परिस्थिति में जाने के लिए तैयार रहना चाहिए। आज दुनिया बहुत छोटी हो गई है—दुनिया 'ग्लोबल विलेज' बन रही है। आपकी मधुर आवाज हर किसी का दिल जीत सकती है।

□

जागते रहो

विद्यार्थी सेवकः पान्थः क्षुधार्तो भयकातरः।
भाण्डारी प्रतिहारी च सप्त सुप्तान् प्रबोधयेत्॥

यदि विद्यार्थी, नौकर, यात्री, भूखे और डरपोक व्यक्ति, खजाने की रक्षा करनेवाले खजांची और द्वारपाल—ये सात अपने काम के दौरान सो जाते हैं तो उन्हें जगाना चाहिए।

अगर कोई छात्र पढ़ाई करते हुए सो जाता है तो उसका अध्ययन अधूरा रह जाता है। अगर मालिक अपने नौकर को सोते हुए देख ले, तो नौकर को नौकरी से हाथ धोना पड़ता है। अगर कोई यात्री यात्रा के दौरान सो जाता है तो उसके लुट जाने का खतरा रहता है। इसी तरह, भूखे सोनेवाले व्यक्ति को पर्याप्त नींद नहीं मिल पाती है। भयभीत व्यक्ति नींद में से अकसर जागता रहता है और द्वार पर तैनात द्वारपाल अगर सो रहा हो, तो चोरी का खतरा रहता है।

कुछ मामलों में ढील नहीं चल सकती जैसे कि हिसाब-किताब। चाहे सिर्फ एक रुपए का क्यों न हो, हिसाब तो सटीक होना ही चाहिए। उसी तरह, एक कर्मचारी को मेहनती तो होना ही चाहिए। इसमें किसी भी प्रकार का समझौता नहीं कर सकते? खास करके जब मामला द्वारपाल का हो; वरना विनाश होने की संभावना है। कंपनी में कभी भी कुछ भी हो सकता है। उस पर सख्त नियंत्रण रखें। कुछ मामलों में किसी भी प्रकार का समझौता नहीं चलता। सोते हुए न पाया जाना, इस बात का ध्यान रखें। □

मुसीबत को न्योता मत दो

अहिं नृपं च शार्दूलं वृध्दं च बालकं तथा।
परश्वानं च मूर्खं च सप्त सुप्तान् न बोधयेत्॥

साँप, राजा, शेर, सूअर, बच्चे, अन्य लोगों के कुत्ते और बेवकूफ लोग—ये सात सोए हुए ही अच्छे है, उन्हें जगाना नहीं चाहिए।

अचानक से जागा हुआ साँप काट लेता है। उसी तरह अगर राजा को गहरी नींद से जगाया जाए तो वह गुस्से में आकर दंड दे सकता है। शेर जैसे हिंसक जानवर को अगर नींद में से जगाया जाए तो वह हमला कर बैठता है। सोए हुए बालक को यदि उठाया जाए तो वह रो-रोकर बुरा हाल कर देता है। दूसरों के पालतू कुत्ते अनजान व्यक्ति को देखकर हमेशा भौंकते रहते हैं, इसलिए ये सब यदि सो रहे होते हैं तो उन्हें सोते रहने देना चाहिए। जबकि एक मूर्ख व्यक्ति हमेशा सारे काम खराब ही करता है, इसलिए वह सोता रहे, उसी में भलाई है।

सामने चलकर मुसीबत को न्योता न दें। कुछ असंतुष्ट व्यक्तियों को आपकी गतिविधियों के बारे में नहीं बताने में ही भलाई है। ऐसे व्यक्ति अनजाने में बाधाएँ पैदा करते हैं। पुलिस, सरकारी अधिकारियों और राजनेताओं से सुरक्षित दूरी बनाए रखने में ही भलाई है। ऐसा ही मूर्ख व्यक्तियों का भी है। वह अनजाने में ही मुसीबत को न्योता दे देते हैं।

□

आय के एक स्थिर स्रोत को पकड़े रखें

यो ध्रुवाणि परित्यज्याध्रुवं च परिषेवते।
ध्रुवाणि तस्य नश्यन्ति अध्रुवं नष्टमेव च॥

जो व्यक्ति निश्चित कार्य को छोड़ अनिश्चित कार्य के पीछे दौड़ता है, वह खुद को सौंपा हुआ कार्य और प्राप्त की हुई चीजों को भी खो देता है।

जिस चीज के मिलने की संभावनाएँ ज्यादा होती हैं, उसको पाने का प्रयास करना चाहिए और उससे संबंधित कार्यों को पहले पूर्ण करना चाहिए। जिस चीज के मिलने की संभावनाएँ न हों, उसके पीछे भागने का कोई मतलब नहीं है। दिशाहीन होकर भटकने से कुछ भी प्राप्त नहीं होगा। व्यक्ति को अपने सामर्थ्य के अनुरूप योजना बनाकर आगे बढ़ना चाहिए। एक व्यक्ति को लालच में अंधे होकर इधर-उधर नहीं भटकना चाहिए।

हिंदी में एक कहावत है कि 'आधी तज पूरी को धावे, आधी मिले न पूरी को पावे', अर्थात् जो मनुष्य एक कार्य को पूर्ण किए बिना दूसरे कार्य को खत्म करने की कोशिश करता है, उसका आधा पूर्ण हुआ कार्य भी नष्ट हो जाता है।

जिस व्यवसाय से आप संतुष्ट हैं, उसे छोड़कर झूठे प्रलोभनों के पीछे नहीं भागना चाहिए। अंग्रेजी में एक कहावत है—A bird in hand is worth two in the bush. झाड़ी में छिपे दो पक्षियों को पकड़ने की कोशिश करते हुए हाथ में आए पक्षी को खोने की नौबत भी आ सकती है! जो 'स्थिर' है, उसे पकड़कर रखें, जो 'अस्थिर' है, उसका मोह छोड़ें। □

ढिंढोरा न पीटें

मनसा चिन्तितं कार्यं वाचा नैव प्रकाशयेत्।
मन्त्रेण रक्षयेद् गूढं कार्ये चाऽपि नियोजयेत्॥

जो कार्य करने का आपने निश्चय किया हो, उसे एक मंत्र की तरह रटते रहिए। किसी को बताए बिना वह कार्य शुरू करें और उसके पूरा होने से पहले उसकी घोषणा न करें।

अपनी योजना को गुप्त रखें। जिस कार्य को करने का निश्चय किया हो, उसे मन में रखें। किसी को भी उसके बारे में न बताएँ। एक मंत्र की तरह उसको रटते रहिए। जब तक कार्य चल रहा है, तब तक सभी को उसके बारे में न बताएँ। यदि कार्य पूरा नहीं हुआ तो आपका उपहास किया जाएगा; यही नहीं, यदि आपका प्रतिस्पर्धी आपके कार्य के बारे में जान जाएगा तो वह उसमें विघ्न पैदा करेगा।

आनेवाला युग प्रतिस्पर्धा का है। सभी को नई योजनाओं का इंतजार है। गलतफहमी में मत रहना¨ न ही लापरवाह बनना। आरंभ किया हुआ कार्य जब तक खत्म नहीं हो जाता, तब तक सिर्फ मेहनत करें, चर्चा नहीं; चर्चा सिर्फ सभा में होती है, खेत में तो सिर्फ खेती ही होती है। तभी फसल आएगी। बीज जब पेड़ बन जाएगा, तब दुनिया उसे देखेगी ही। अभी से लोगों को उसके आसपास न भटकने दें, कदाचित् कोई उसे नुकसान पहुँचा दे। अभी आपका कर्तव्य यह है कि उपजाऊ जमीन में बीज बोकर उसकी रक्षा करना। अभी के लिए सिर्फ इतना करें। बाकी सब समय पर छोड़ दें।

□□□